Christine Navarra

Wie interaktiv ist das Internet?

Nutzungsmöglichkeiten und erforderliche Medienkompetenz

Christine Navarra

WIE INTERAKTIV IST DAS INTERNET?

Nutzungsmöglichkeiten und erforderliche Medienkompetenz

ibidem-Verlag
Stuttgart

Die Deutsche Bibliothek - CIP-Einheitsaufnahme:

Ein Titeldatensatz für diese Publikation ist bei
Der Deutschen Bibliothek erhältlich

∞

Gedruckt auf alterungsbeständigem, säurefreien Papier
Printed on acid-free paper

ISBN: 3-89821-058-8
© *ibidem*-Verlag
Stuttgart 2000
Alle Rechte vorbehalten

Printed in Germany

Inhaltsverzeichnis

Anmerkung:

*Zugunsten der Lesbarkeit wird in dieser Arbeit nur die männliche **oder** weibliche Form von Bezeichnungen wie „Nutzern" verwendet; gleichzeitig ist das jeweils andere Ge-schlecht miteingeschlossen.*

„Interactivity is a widely used term
with an intuitive appeal,
but it is an underdefined concept."

(Sheizaf Rafaeli)[1]

1 Einleitung

Interaktivität ist in der heutigen Zeit durch technische Innovationen wie Multimedia, On-line-Dienste sowie digitales interaktives Fernsehen zum Modewort avanciert, welches in der Alltagssprache zunehmende Verbreitung erfährt. Lutz Goertz spricht in seinem Aufsatz von 1995 von dem „Schicksal kommunikationswissenschaftlicher Fachtermini, in ihrer Bedeutung immer weiter zu verwässern, wenn sie auch in der Alltagssprache Verwendung finden" (ebd. 1995, S. 477). Welches ist also die Quelle des Interaktivitätsbegriffs?

Der Begriff „Interaktivität" ist aus dem Konzept der „Interaktion" (vgl. Jäckel 1995 zit. nach Goertz 1995, S. 477) entstanden und umfaßt einen Prozeß von Wechselwirkungen, der in verschiedenen Fachdisziplinen unterschiedlich definiert wird: In der Medizin bezeichnet er z.B. das Wirken zweier gleichzeitig eingenommener Arzneimittel und in der Statistik den gemeinsamen Effekt mehrerer unabhängiger Variablen auf eine abhängige Variable. In kommunikationswissenschaftlichen Veröffentlichungen verbinden sich soziologische, psychologische und pädagogische Definitionen, die sich auf Beziehungen zwischen zwei oder mehreren Menschen beziehen und ihre wechselseitig aufeinander bezogenen Handlungen beschreiben, sowie Aspekte aus der Informatik, welche auf die Interaktion zwischen Menschen und Computern (Mensch-Computer-Interaktion) abzie-

---

[1] Ebd. 1988, S. 110

1

len, jedoch nicht die Kommunikation zwischen Menschen mittels einer Maschine (bzw. medienvermittelte Kommunikation) einschließen.

Wie eingangs erwähnt, erfährt der Begriff der Interaktivität derzeit besonders im Kontext von Neuen Medien weitgreifende Verbreitung. Doch was ist der Unterschied zwischen den herkömmlichen Medien und den sogenannten Neuen Medien? Medien treten als Mittler zur Übertragung von Symbolen jeglicher Form schon seit altersher zwischen Sender und Empfänger, indem sie eine Verbindung zwischen diesen losgelöst von Zeit und/oder Raum herstellen. Als frühe Arten sind z.B. die Höhlenmalerei und Rauchsignale anzusehen (vgl. Treumann et al. 1999, S. 5f). Die Entwicklung vollzog sich über die Erfindung des Buchdrucks von Johannes Gutenberg (1542)[2] bis hin zu den Massenmedien wie Radio und Fernsehen. Doch boten letztgenannte nur eine unidirektionale Informationsübermittlung zu einem relativ anonymen dispersen[3] Publikum, so daß Kleinsteuber/Hagen (1998) eher von einer Massen*information* als von einer Massen*kommunikation* sprechen (siehe Kapitel 3.1 in dieser Arbeit). Eine qualitative Weiterentwicklung der Kommunikationssysteme fand erst mit der Verbreitung der Personal Computer (PCs) Mitte der 70'er Jahre statt, die die Grundsteine für heutige multimediale, internetfähige Rechner darstellen. Unter dem Begriff Neue Medien werden in der Literatur technische Innovationen wie Computer, CD-ROMs, das *World Wide Web* (WWW), das *Internet* und *Multimedia* verstanden, deren Gemeinsamkeiten auf Prinzipien wie Interaktivität, weitreichende Verbreitung und Vernetzung sowie Globalisierung begründet sind[4]. Was bedeutet jedoch nun „Interaktivität" im Kontext von Neuen Medien? In welcher Form läßt sie sich nachweisen? Lassen sich eventuell unterschiedliche Ebenen ausdifferenzieren?

Diesen Fragen soll in der vorliegenden Arbeit speziell in Bezug auf das rasch expandierende Neue Medium Internet detailliert nachgegangen werden, da es als Besonderheit verschiedene Merkmale Neuer Medien auf *einer* Plattform vereint und als Informations-

---

[2] Quelle: http://www.gutenberg.de/erfindu2.htm (Download am 15.12.1999)
[3] Zerstreut, voneinander unabhängig
[4] Nähere Erläuterungen finden sich in Kapitel 2 sowie im Anhang dieser Arbeit.

2

übermittler (Emails, Lexika, informative Webseiten), Unterhaltungs- (Spiele, Chat) sowie Edukationsmedium (Lernangebote im Netz, Nachhilfe, Telelearning) fungiert. Seine Vorzüge liegen – knapp formuliert – in der Möglichkeit schneller Datenübermittlung (Emails, FTP), Vernetzung von Dokumenten unterschiedlicher Art wie Text, Bild, Video und Ton sowie Individualisierungschancen, da grundsätzlich Abrufgeschwindigkeit, Zeit und Ort der Informationsübermittlung selbst bestimmt werden kann.

Obwohl Interaktivität – wie schon erwähnt – bereits ein gebräuchliches Wort im Kontext von Neuen Medien darstellt, mangelt es an genauen Definitionen. In gängigen Nachschlagewerken wie dem Duden oder allgemeinen Lexika, sucht man vergeblich nach einer Beschreibung im medialen Umfeld. Selbst fachspezifischere Handbücher wie Brephols „Lexikon der Neuen Medien" von 1993 oder Zeys „Neue Medien" von 1995 schließen dieses Themengebiet aus (vgl. Goertz 1995, S. 478f). Eine kurze Passage findet sich jedoch im 1998 erschienenen „Multimedia-Lexikon" von Brauner, Raible-Besten und Weigert:

> *interaktiv*: „bei der Nutzung moderner Medien jene Form des Zugangs zu Informationen, bei welcher der Nutzer den *Umfang*, die *Auswahl* und die *Reihenfolge* der *dargebotenen* Informationen im Rahmen einer *wechselseitigen Kommunikation* mit dem Medium *jederzeit selbst* bestimmt"[5] (ebd. 1998, S. 180).

In dieser knappen Definition sind schon sieben grundlegend wichtige Elemente (hier kursiv gedruckt) enthalten, die im theoretischen sowie praktischen Teil dieser Arbeit detailliertere Verwendung finden werden. Deutlich wird jedoch nicht, ob evtl. unterschiedliche Intensitätsebenen im interaktiven Umgang existieren oder interaktive Medien immer eine gleichbleibende Qualität vorweisen.

Des weiteren bleibt die Betrachtung des Internets unter dem spezifischen Aspekt der individuellen Nutzungsmöglichkeiten oft außer acht. Neuere Arbeiten konzentrieren sich zumeist auf das Netz „als Ganzes" sowie seine Merkmale als Massenkommunikations-medium (vgl. Goertz 1995, S. 479). Dieses Werk beschäftigt sich hingegen mit der spe-ziellen Anwendung des Interaktivitätsbegriffs auf das Neue Medium Internet mit seinen mannigfaltigen Angeboten, die auf dem Markt existieren (Chat, Email, Newsgroup, Te-lelearning, etc.) sowie den erforderlichen Fähigkeiten, um diese adäquat nutzen zu kön-nen (Stichwort: Medienkompetenz). Der Focus wird auf Offerten liegen, die von den Usern angenommen werden. Als Quelle dient hierbei das Internet selbst sowie Berichte, Studien, Kurznotizen oder Reportagen aus Tageszeitungen, Zeitschriften, Büchern, etc.

Einleitend wird der grundlegende Gegenstand des Interesses – das Internet – vorgestellt. Dabei soll nicht nur Wert auf die Entstehungsgeschichte sondern ebenfalls auf die Faszi-nation, die das Internet bei vielen Menschen auslöst, gelegt werden.

In Kapitel drei wird der Begriff der Interaktivität von verschieden theoretischen Stand-punkten aus beleuchtet und in der Spezifität des Internets interpretiert werden. Kommu-nikations- bzw. Interaktionstheorien sollen hierbei genauso wie tätigkeitstheoretische Annahmen sowie Überlegungen zum Nutzenaspekt für die Anwender das Fundament für die Entwicklung eines Mehrebenen-Modells bilden, das die Einstufung des "interaktiven Potentials" unterschiedlicher Internet-Offerten ermöglicht.

Anschließend sollen exemplarisch einige Internetangebote vorgestellt werden, die heut-zutage Einsatz finden und unter dem Gesichtspunkt ihrer interaktiven Anwendungsmög-lichkeiten und erforderlicher Medienkompetenz sowie ihrem Nutzen für die User[6] be-trachtet werden. Der Focus wird hierbei auf der Anwendung in Deutschland liegen, um einen für den Umfang dieser Arbeit angemessenen überschaubaren Rahmen einzugren-zen.

---

[5] Die kursive Hervorhebung wurde von der Autorin eingefügt, um dem Leser schon an dieser Stelle die sieben relevanten Elemente zu verdeutlichen.
[6] Kursivgedruckte oder Wörter in Großbuchstaben werden (soweit diese nicht ausschließlich der Betonung dienen) im Glossar, der im Anhang dieser Arbeit enthalten ist, erklärt.

4

„Es dauerte 38 Jahre, bis 50 Millionen Amerikaner
ein Radio besaßen.
Es dauerte 14 Jahre, bis 50 Millionen Amerikaner
einen Fernseher besaßen.
Es dauerte 4 Jahre, bis 50 Millionen Amerikaner
das Internet nutzten.“
(PZ 1999)

2 Das Internet

Neben der rasanten Entwicklung des Internets sollen in diesem Kapitel ebenfalls die Aspekte, die zu seiner Faszination beitragen, kurz vorgestellt werden, um so beim Leser die Grundlage für die Erörterungen in den folgenden Kapiteln bereitzustellen.

2.1 Entstehung des Internets

Das Internet in der Form, wie wir es heute kennen, ist ein Teil des WWW (World Wide Web), in dem mehrere Dienste subsumiert werden. Der IRC (Internet Relay Chat) sowie der FTP (File Transfer Protocol) sind ebenfalls Teile des WWW, die jeweils verschiedene synchrone und asynchrone Kommunikationsangebote bereitstellen (zur näheren Definition siehe Kapitel 4.3).

In den 60'er Jahren des 20. Jahrhunderts beauftragte das amerikanische Militär die Advanced Research Projects Agency (ARPA) ein Computernetz zu entwickeln, daß die permanente Kommunikation im Kriegsfall sicherstellen sollte (vgl. Fasching 1997, S. 15ff)[1].

1969 wurden die ersten vier Rechner miteinander vernetzt: das ARPA-Net war geboren. Das Besondere an diesem System war und ist, daß jeder Rechner im Prinzip denselben Status besitzt. Dies bedeutet, daß im Falle eines Ausfalls *eines* Computers, die anderen seine Aufgaben in bezug auf die Weiterleitung von Daten übernehmen können. Für den Transport werden die Daten in kleine Pakete zerlegt, die sodann über verschiedene Wege (d.h. also über verschiedene Rechner) ihren Empfänger erreichen und beim Empfang wieder zusammengesetzt werden, so daß eine sinnvolle Nachricht entsteht. Dies ist über das sogenannte TCP/IP (Transmission Control-/Internet Protocol) möglich. Es bezeichnet eine „Sprache", die alle Computer – egal welchen Typs – verstehen und somit die Kommunikation zwischen den Maschinen ermöglicht.

Die Anzahl der vernetzten Computer stieg stetig an: 1971 waren 15 Rechner miteinander verbunden, 1972 bereits 37. 1983 spaltete sich das MILNET (Military Network) ab, jedoch entstanden weitere – nicht militärische – Netzwerke wie z.B. das NSFNET (National Science Foundation Network), über das hauptsächlich Akademiker aus den Bereichen Wissenschaft und Bildung ihre Gedanken austauschten.

1989 trat das WWW in seiner jetzigen Form als graphisch orientierte Nutzeroberfläche in Erscheinung, dessen Verbreitung und Stabilität dermaßen zunahmen, daß selbst ein Wegfall des aus Kostengründen aufgegebenen NSFNET 1995, das Internet nicht zum Zusammenbrechen brachte. Fasching berichtet von einer Tendenz, daß die Anzahl der ermittelten angeschlossenen Rechner sich im Laufe eines Jahres seit 1993 verdoppelt (siehe ebd. 1997, S. 18).

Technisch gesehen gestalteten sich die komplexen Internetverbindungen wie in Abb. 1 dargestellt: Auf der kleinsten Ebene befindet sich ein einzelner Rechner, der wiederum mit mehreren anderen Computern an einen Zentralcomputer, den *Server*, angeschlossen ist. Dieses lokale Netzwerk wird mit LAN (Local Area Network) bezeichnet (z.B. das eigene Bielefelder Universitäts-Netzwerk). Der Server stellt die Verbindung zum *Router*

---

[1] Vgl. ebenfalls Husmann 1998, S. 10ff

her, der mit weiteren LANs verbunden ist. Diese größere Einheit wird als MAN (Metropolitan Area Network) bezeichnet. In ihr werden also mehrere LANs einer Region oder eines Themenbereiches zusammengefaßt. Geht man in der Hierarchie aufwärts, stößt man nun auf gebündelte MANs, die man WANs (Wide Area Network) nennt. Die größten, leistungsfähigsten Computer der WANs bilden *Backbones*, d.h. sie verbinden Länder und Kontinente, ggf. auch über Satelliten (zu den Ausführungen vgl. Fasching 1997, S. 16f).

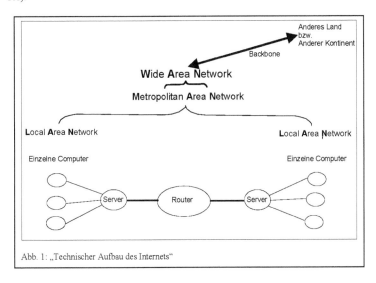

Abb. 1: „Technischer Aufbau des Internets"

Heutigen Angaben zufolge sind ca. 125 Millionen Menschen weltweit ans Internet angeschlossen (IHK Hannover 1999)[2]. In Deutschland besaßen 1997 6,5 % (4,1 Millionen) der Einwohner[3] einen Zugang zum Netz. Bis 1999 wuchs dieser Personenkreis auf 17,7 % (11,2 Millionen) an (ARD/ZDF-Arbeitsgruppe Multimedia, 1999)[4].

---

[2] Industrie und Handelskammer Hannover, zit. nach 1to1mm.de/internet.html, Download am 08.11.1999
[3] In diese Studie wurden nur Personen ab einem Alter von 14 Jahren miteinbezogen.
[4] Zit. nach Treumann et al. 1999, S. 31

Wie läßt sich dieser rasante Anstieg erklären? Welche individuellen Beweggründe führen jemanden dazu, Angebote des Internets zu nutzen? Diesen Fragen soll nun in Kapitel 2.2 weiter nachgegangen werden.

2.2 Faszination Internet – seine Hauptanziehungspunkte

In Faschings Arbeit findet sich die Aussage das Internet sei „the ancient amphitheatre of the next century" (Fasching 1997, S. 19). Doch was haben ein antikes Amphitheater und das Internet gemeinsam? Beide können die Menschen unterhalten, faszinieren, Kurzweil bieten, neue Informationen geben. Mehrere Sinne vermögen (gleichzeitig) angesprochen zu werden, jedoch fehlt im Internet (noch?) der olfaktorische. Zudem lassen Theater sowie Internet interaktive Elemente zu. Zu Ersterem denke man z.b. an das Brecht'sche Bühnenstück „Der gute Mensch von Sezuan" (Brecht 1955, S. 81), in dem die Protagonistin Shen Te vor den Vorhang tritt, das Publikum direkt anspricht und auf diese Weise zum aktiven Mitdenken animieren möchte oder an zeitgenössische Aufführungen, in denen die Zuschauer teilweise aus dem Saal auf die Bühne geholt werden, um in dem Schauspiel mitzuwirken[5]. Auf die interaktiven Aspekte des Internets sowie weitere herausragende Merkmale, die zu seiner Faszination führen soll nun jeweils kurz eingegangen werden:

2.2.1 Interaktivität

Jeder Teilnehmer hat prinzipiell die Möglichkeit, Einfluß auf das Netz und seine Inhalte zu nehmen. Dies geschieht z.B. durch die Herstellung eigener Internetseiten oder der aktiven Partizipation an einem Chat oder einer Newsgroup. Bei Informationsabrufen kann der *User* wählen, welche *Links* er weiter verfolgt und welche nicht. Grundlage hier für ist der sogenannte *Hypertext*[6], der durch die Seitenbeschreibungssprache HTML im Internet realisiert ist. Die Links, stellen Schlüsselbegriffe dar (zumeist per Unterstreichung gekennzeichnet), durch die man per *Mausklick* an eine andere Stelle im Text, eine andere Internetseite, ein Bild- oder Sounddokument (den sogenannten *Knoten*), etc. gelangen kann (siehe Abb. 2[7]).

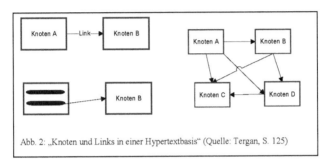

Abb. 2: „Knoten und Links in einer Hypertextbasis" (Quelle: Tergan, S. 125)

Sucht man z.B. auf den Seiten der Universität Bielefeld Informationen zum HRZ (Hochschulrechenzentrum), so gelangt man über den Link „Rechenzentrum" dorthin (siehe Abb. 3)[8]. Hat man sich ausreichend informiert erreicht man über die *„Back-Funktion"* des *Browsers* (oder einen Link) wieder die Hauptseite der Universität. Diese *Nicht-Linearität* und die Verknüpfung von *Knoten* durch Links stellt also einen Informationsabruf in Sach- und Sinnzusammenhängen nach eigenem Gusto zur Verfügung. Vergleicht man dies mit dem Lesen eines *linearen* Buches, könnte man sagen, daß von irgendeiner Stelle im Text bis z.B. zum Glossar geblättert, das Wort gesucht, die Worter-

---

[5] So geschehen in der Komödie „Shakespeares gesammelte Werke (leicht gekürzt)" von Adam Long, Daniel Singer und Jess Winfield, inszeniert u.a. am Bielefelder Stadttheater, Spielzeit 1999/2000 unter der Leitung von Gunther Möllmann
[6] Der Begriff „Hypertext" wurde Anfang der 90'er Jahre von Theodor Nelson in der Fachwelt etabliert (siehe Kassanke 1997, S. 21)
[7] Anmerkung der Autorin: Die beiden schwarzen Balken in dem unteren Kästchen ganz links symbolisieren wohl Grafiken oder Animationen – im Gegensatz zu textuellen Knoteninhalten.

klärung gelesen und dann wieder zurückgeblättert wird. Dabei geht jedoch zumeist viel Zeit verloren und evtl. hat der Leser den Inhalt der Textstelle schon wider vergessen. Im Hypertext nimmt dieser Vorgang wesentlich weniger Zeit in Anspruch, welches die Arbeitsmotivation erhöht.

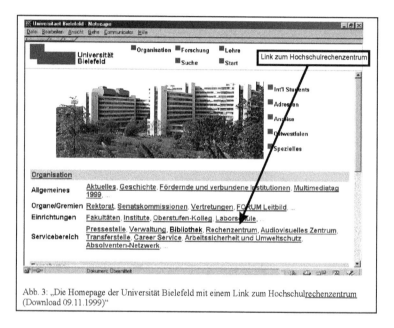

Abb. 3: „Die Homepage der Universität Bielefeld mit einem Link zum Hochschulrechenzentrum (Download 09.11.1999)"

2.2.2 Multimedialität

Mit Multimedia bezeichnet man die Vereinigung mehrerer zeitabhängiger (Videosequenzen, Animationen, Tonaufnahmen) und zeitunabhängiger Medien (Bilder, Schrift) (Klim-

---

[8] Das Layout der Seite entspricht dem Download vom 09.11.1999.

sa 1997, S. 7). In den letzten Jahren gewann und gewinnt der Computer in diesem Bereich immer mehr an Bedeutung, da sich auf ihm sämtliche Medien – auf einer Plattform – zusammenschließen lassen. Da sich im Internet sowohl Videosequenzen als auch Ton, Text und Bilder darstellen und nutzen lassen, wird es als multimedial attribuiert. Diese Kombination wirkt animierend auf den Nutzer des Internets, da sie eine individuellere Erschließung des Interessengegenstandes ermöglicht. Wippich führt in diesem Zusammenhang die Unterscheidung zwischen „Verbalisierern" und „Visualisierern" an, die je nach ihren Präferenzen durch das Netz *navigieren* und somit entweder Bilder oder Texte zur Erweiterung Ihres Wissens hinzuziehen können (Wippich 1989, S. 162ff).[9]

2.2.3 Individualisierung und Globalisierung

Das Internet verbindet derzeit ca. 125 Millionen Menschen über Länder, Sprachen und Kontinente hinweg (vgl. Kapitel 2.1). Es bietet einen neuen Kommunikations- und Interaktionsraum, indem man z.B. in der Lage ist, mit fremden Menschen leichter als je zuvor Kontakt aufzunehmen, mit ihnen zu reden, Gedanken auszutauschen oder Gegenstände per Internet aus den entferntesten Ländern zu bestellen.

„Als Cursoridentität bewege ich mich ganz unabhängig von der realen Welt und ihren geografischen Distanzen. Ich bewege mich im digitalen Raum des Netzwerkes und beame mich von Kontinent zu Kontinent, ohne daß die realen Entfernungen irgendeine Rolle spielen." (Mike Sandbothe 1997, S. 56)

---

[9] Des weiteren geht Paivio (1971) davon aus, daß durch das Ansprechen verschiedener Sinneskanäle (z.B. visuelles Lesen plus auditives Anhören einer Sounddatei) eine Doppelcodierung im Gedächtnis des Nutzers stattfindet. Dieser Vorgang führt zu einer verbesserten Behaltens- bzw. Erinnerungsleistung und wirkt daher motivierend auf das Individuum (zur Vertiefung der positiven Auswirkungen von multimedialen Anwendungen auf das Lernen siehe Paivio 1971, Issing/Klimsa 1997, Cognition and Technology Group at Vanderbilt 1990, Conklin 1987).

Diese Ortsunabhängigkeit wird durch Zeitunabhängigkeit ergänzt. Oftmals ist eine asynchrone Kommunikation mittels Email o.ä. möglich und sogar erwünscht. Man braucht sich keine Gedanken mehr zu machen, ob Herr X in Amerika noch angerufen werden kann, wie spät es zur Zeit dort ist, etc.; man kann einfach eine Email auf den Weg schikken, die ihn alsbald erreichen wird, wenn Herr X seinen Rechner angeschaltet hat. Zudem bietet das Netz Möglichkeiten seinen individuellen Interessen auf neue Weisen nachzugehen. Eine Vielzahl von Internetseiten, Chatrooms, Newsgroups, etc. mit einer fast unendlichen Themenvielfalt stehen dem User vierundzwanzig Stunden am Tag zur Verfügung, in denen er gemäß seinen Bedürfnissen *surfen* kann. Weiterhin besitzt prinzipiell jeder die Opportunität, eigene *Webpages* zu erstellen und auf diese Weise ein kleiner Produzent oder Star seiner Seiten zu werden.

2.2.4 Virtual Reality und Real Life

„Case schloß die Augen.

Fand den geriffelten EIN-Schalter.

Und in der blutgeschwängerten Dunkelheit hinter den Augen wallten silberne Phosphene aus den Grenzen des Raums auf, hypnagoge Bilder, die wie ein wahllos zusammengeschnittener Film ruckend vorüberzogen. Symbole, Ziffern, Gesichter, ein verschwommenes, fragmentarisches Mandala visueller Information."[10]

Mit diesem Absatz leitet William Gibson seinen 1984 erschienenen Science-Fiction-Roman „Neuromancer" ein. Obwohl wir noch nicht in einer Welt leben, in der man sich über *neuronal-kybernetische Interfaces* in die virtuelle Realität (VR[11]) einloggen kann, so existiert diese bereits in der Form des Internet – sowie (noch) internetunabhängiger Computerspiele etc. – und übt eine enorme Faszination auf eine wachsende Zahl von

---

[10] Gibson 1987 (amerikan. Original 1984), Vorwort
[11] Englisch: Virtual Reality

Menschen aus (siehe Kapitel 2.1), die sich Tag für Tag mittels eines *Modems* o.ä. Zutritt zu ihr verschaffen. In der heutigen virtuellen Welten können Gegenstände, Räume sowie andere Personen existieren, wenn momentan auch noch zumeist in textueller Form und nicht wie etwa in der Darstellung einer 3D-Welt, in der die Nutzer mittels technisch hochentwickelter Datenhelme, Anzüge, Brillen und Handschuhen durch einen dreidimensionalen Raum navigieren (vgl. Turkle 1998, s. 290).

Das Netz bietet die Möglichkeit neben dem realen Leben (RL[12]) weitere Erfahrungen in einem weitgehend anonymisierten Umfeld zu machen. MUDs[13] und Chatrooms offerieren u.a. einen Identitätswechsel, ein spielerisches Ausprobieren weiterer Aspekte eines postmodernen „Selbst" - welches im RL nur schwer zu realisieren bis unmöglich wäre. Das „Selbst" wird in der Postmoderne als dezentriert und multipel angesehen (vgl. Turkle 1998, S. 71f). Dies bedeutet u.a., daß in jedem Menschen verschiedene Aspekte seiner Person stecken, die dieser versucht, auszuleben wie z.B. Aggressives Potential, Fürsorge-Absichten, Streben nach Anerkennung, Selbstverwirklichung, verschiedene Interessensgebiete. Das WWW offeriert eine enorme Bandbreite an Chatrooms, Newsgroups, Internetseiten, etc., um diese Elemente der eigenen Persönlichkeit zu verwirklichen. Die Anonymität, in der man sich dabei weitgehend bewegt, senkt die Hemmschwelle, um z.B. über gesellschaftliche Tabuthemen zu sprechen oder sich seinem Gesprächspartner gegenüber zu öffnen (vgl. Turkle 1998, S. 162).

Wie im weiteren Verlauf dieser Arbeit deutlich werden wird, scheint ein wechselseitiger Austausch zwischen den beiden Realitäten (virtuell und real) nötig, damit das Individuum seine Erfahrungen als positiven Nutzen für sich selbst bewertet (vgl. Turkle 1998, S. 419 sowie 428f).

---

[12] Englisch: Real Life
[13] Multi User Dungeons: Dies sind Spiele im Internet, die am ehesten mit Rollenspielen wie „Das schwarze Auge" in der realen Welt zu vergleichen sind (vgl. Kapitel 4.12).

3   Theoretische Konzeptionen zum Begriff der Interaktivität

Im folgenden wird der Begriff der Interaktivität unter verschiedenen theoretischen Aspekten, die für seine Nutzung im Kontext des Internets Relevanz zeigen, betrachtet. Dazu erscheint es an einigen Stellen hilfreich, die Medienstruktur des WWW mit der herkömmlicher Medien zu vergleichen, die unseren Alltag bisher wesentlich geprägt haben: mit z.B. Fernsehen und Telefon.

3.1   Interaktivität im pragmatisch[1]-kommunikationstheoretischen Kontext

Versucht man sich dem Begriff der Interaktivität über seine Definition zu nähern, muß man feststellen, daß unterschiedliche Grade bzw. verschiedene Dimensionen oder Tiefen in der Literatur zu finden sind[2].

Kommunikations- und verwandte Wissenschaften arbeiten mit den Begriffen Information, Kommunikation und Interaktion, die unweigerlich miteinander verbunden sind, wie z.B. der Kommunikationswissenschaftler Paul Watzlawick betont, wenn er verdeutlicht, daß jede Kommunikation aus Interaktion besteht und jede Kommunikation zwingend Informationen enthält (vgl. Kleinsteuber/Hagen 1998, S. 70). Die Kommunikationspartner übermitteln sowohl verbale als auch non-verbale Botschaften, die jeweils situativ, im Kontext der Beziehungsstrukturen gedeutet werden. Nach dem erweiterten Kommunikationsmodell von Shannon/Weaver (1949) werden diese Informationen einer Nachricht in

---

[1] Die pragmatische Kommunikationstheorie stellt die Frage, wie menschliche Kommunikation, die Übermittlung und das Verstehen von Informationen verläuft, und wie eine Handlung initiiert wird (vgl. Recht 1995, S.23).

[2] Menschen können z.B. a) *rezeptiv* vor dem Fernseher sitzen, b) *aktiv* eine Videokassette auswählen und anschauen oder c) in einem *noch aktiveren* Akt, selbst einen Film produzieren und diesen auch noch ins Internet einspeisen (vgl. Kleinsteuber/Hagen 1998, S. 70).

Form von Worten, Sätzen, Mimik, Gestik, Gebärden, Tönen und Bildern vom Sender zum Empfänger übermittelt. Grafisch läßt sich dieser Vorgang wie in Abb. 4 dargestellt, veranschaulichen:

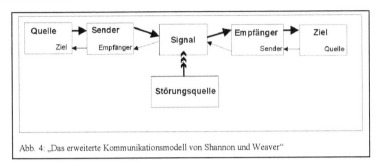

Abb. 4: „Das erweiterte Kommunikationsmodell von Shannon und Weaver"

Der Sender (Transmitter) überträgt Informationen aus seiner Quelle (Information source, z.B. Gedanken und Absichten einer Person) zum Empfänger (Receiver), der diese als Signal(e) an ihren Bestimmungsort (Ziel oder Destination) transferiert, d.h. er nimmt sie wahr, versteht sie und reagiert auf die Botschaft, etc. Auf dem Wege von der Quelle bis zum Ziel ist die Nachricht vielen Einflüssen ausgesetzt, die die Kommunikation stören können (Störungsquelle, Noise source). In der Regel sind Transmitter sowie Receiver auf ein Gelingen der Interaktion ausgerichtet und verhalten sich dementsprechend. Dieses Modell impliziert – wie aus der Grafik ersichtlich wird – eine wechselseitige Austauschbarkeit des Senders und Empfängers (siehe dünnere Pfeile in Gegenrichtung). Kommunikation kann jedoch einseitig oder gegenseitig ablaufen; man spricht dann von unidirektionaler oder bi- bzw. multi-direktionaler Kommunikation. Einseitigkeit (Uni-Direktionalität) ist immer dann gegeben, wenn die Rollen des Senders und des Empfängers festgelegt sind, d.h. Person *A* ist immer der Empfänger und Person *B* immer der Sender. Dementsprechend bedeutet Gegenseitigkeit (Bi- bzw. Multi-Direktionalität), daß die Rollen des Kommunikators und des Rezipienten während des Kommunikationsprozesses ausgetauscht werden können, wie dies im Modell von Shannon und Weaver der Fall ist. Person *A* und *B* können also beide (abwechselnd) sowohl als Transmitter als auch als Receiver fungieren. Die herkömmlichen Massenmedien wie z.B. das Fernsehen sind überwiegend uni-direktional angelegt. Ein Sender leitet die Botschaft an viele potentielle Empfänger weiter. Somit sollte man in diesem Fall laut Kleinsteuber/Hagen (1998, S. 67) eher von „Masseninformation" als Massenkommunikation sprechen.

Gerhard Maletzke (siehe Kleinsteuber/Hagen 1998, S. 67) unterscheidet zudem zwischen direkter und indirekter Kommunikation. Erstere findet man schon seit Urzeiten, da die Urmenschen vermutlich hauptsächlich *face-to-face* kommunizierten, d.h. die beiden Gesprächspartner mußten zu einer bestimmten Zeit an einem festgelegten Ort anwesend sein. Die indirekte Kommunikation findet z.B. beim Telefonieren statt, da die Personen räumlich voneinander getrennt sind. Falls eine zeitliche Verschiebung stattfindet, wie u.a. bei Briefen oder Emails gegeben, spricht man von *asynchroner* (im Gegensatz zur *synchronen*) Kommunikation.

Zum Abschluß dieses Unterkapitels soll noch auf das „Vier-Seiten-Modell" Friedemann Schulz von Thuns (Thomann/Schulz von Thun 1988) eingegangen werden, um die Elemente einer Botschaft näher zu betrachten. Thun hatte die Absicht, die Botschaften, die der Sender zum Empfänger schickt, zu analysieren (vgl. Recht 1995, S. 36ff). Nach seinem Modell beihaltet eine Nachricht immer vier Aspekte: Sachinhalt, Selbstoffenbarung, Beziehungsebene und Appellfunktion wie in Abb. 5 dargestellt.

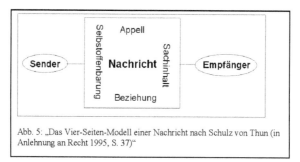

Abb. 5: „Das Vier-Seiten-Modell einer Nachricht nach Schulz von Thun (in Anlehnung an Recht 1995, S. 37)"

Als Anwendungsbeispiel stelle man sich eine Mutter mit ihrem Kind in einem
Zimmer vor. Das Fenster in dem Raum ist offen. Das Kind schaut zitternd seine
Mutter an und sagt: „Mir ist kalt". Diese geht zum Fenster und schließt es.

Auf der reinen Sachebene teilte das Kind lediglich mit, daß ihm kalt sei. Unter die
Selbstoffenbarungsseite fallen a) die angestrebte Selbstdarstellung einer Person sowie b)
(unfreiwillige) Selbstenthüllungen über sich. Das Kind offenbart ein Gefühl von sich
selbst: ihm ist kalt. Es verwendet dabei weder Imponiertechniken, um seine positiven
Seiten herauszustellen noch Fassadentechniken (passiv bleiben, um Mißerfolg zu ver-
meiden, wie z.B. Schweigen oder „die Maske der Freundlichkeit" aufsetzen) sondern
geht ganz offen mit seinen Gefühlen um. Das führt uns zur Beziehungsebene – die vor
allem non-verbale Zeichen transportiert – und läßt auf eine enge Beziehung zwischen den
beiden Interaktionspartnern schließen (zumal sie Mutter und Kind sind). Die Inhaltsseite
der Nachricht tritt hinter den Appell zurück: das Kind wollte seiner Mutter mitteilen, daß
ihm kalt ist, und sie bitte das Fenster schließen soll. Diese wiederum hat die Botschaft
ebenso interpretiert und dementsprechend reagiert, da sie ihr Kind wertschätzt und seine
Empfindungen ernstnimmt.

3.2   Interaktivität im soziologischen Kontext

Soziologisch betrachtet, stellt Interaktivität einen Sonderfall der Kommunikation dar,
weil Sender und Empfänger ihre Rollen im Interaktionsprozeß tauschen (gegenseitige
Kommunikation)[3]. Informationen werden während des Prozesses nicht einfach übermittelt, sondern kontinuierlich in dem Kommunikationsablauf durch die Interaktionspartner
erschaffen (vgl. Merten 1977, S. 62). Habermas betont in diesem Zusammenhang, daß
ein Rezipient (Empfänger) aktiv sein muß, damit man von Interaktion sprechen kann,

---

[3] Vgl. vorheriges Subkapitel

weil ansonsten der gegenseitige Informationsfluß nicht gewährleistet ist (vgl. Jäckel 1995, S. 469). Rogers (1986, S. 34) bezeichnet dies mit der Möglichkeit eines „to talk back", da der Empfänger die Botschaft des Senders interpretiert, für sich selbst zugänglich macht und sich über eine Feedback-Schleife dem ursprünglichen Transmitter mitteilt. In den herkömmlichen originär uni-direktionalen Massenmedien findet eine derartige Interaktion nicht statt, da die Rezipienten in der Regel nicht mit den Produzenten bzw. Akteuren in direkten, sofortigen Kontakt treten können[4]. Nach Horton/Wohl (1956, S. 215-229) ist auf diesem Wege nur eine „para-soziale Interaktion" möglich, indem der Zuschauer sich mit dem Protagonisten auf dem Bildschirm identifiziert und auf diese Weise mit den Figuren der Sendung in Kontakt tritt. Auch Bandura (1979) hat mit seiner Theorie des Modell-Lernens schon früh auf diesen Umstand hingewiesen, daß Antizipation u.U. trotz fehlender sozialer Interaktion Handeln auszulösen vermag. Die heutigen Serien[5] z.B. binden die Rezipienten an das Medium und treten auf diese Weise fast täglich mit ihm in Kontakt. Für den Zuschauer bietet das Medium den (vermeintlichen) Kontakt zur Außenwelt, zu den Mitmenschen (vgl. Jäckel 1995, S. 470). Beide (Produzent und Rezipient) sind also voneinander abhängig, da jedoch die Empfänger nicht direkt mit dem Sender (in diesem Fall der Produzent) kommunizieren, fehlt ein Teil, um der soziologischen Definition von Interaktivität vollends gerecht zu werden. Solch „parasoziale Interaktion" bezeichnet demnach keinen echten Prozeß der „wechselseitigen Orientierungen" (Jäckel 1995, S. 464) von Menschen.

Maletzke (1963, S. 37ff) versucht diesen Teil der Definition mit dem Argument zu retten, daß sowohl Zuschauer als auch Produzent oder Schauspieler ein „Bild" von dem jeweils anderen haben (Ersterer hat den Film z.B. mit einer ganz bestimmten Intention für eine ganz spezielle Rezipientengruppe gedreht). Luhmann (1990, S. 172) deklariert dieses Phänomen als „Kommunikationsnetz ohne Anschlußzwang". Kommunikation findet für ihn also statt, da der Empfänger gedanklich oder emotional reagiert, jedoch ist der Son-

---

[4] Hier seien die „Telefonschaltungen" ausgenommen, in denen die Zuschauer direkt in der Sendung anrufen und mit dem Moderator reden können. Selten besteht jedoch die Möglichkeit, auf den Ablauf des Programms Einfluß zu nehmen.
[5] Man denke z.B. an werktags täglich ausgestrahlte *Soaps* wie „Gute Zeiten, schlechte Zeiten" auf RTL.

derfall der Interaktion nicht gegeben, da kein Rollentausch von Transmitter zu Receiver möglich ist.

Die traditionell soziologische Definition von Interaktivität betont jedoch eine wechselseitige Orientierung der Interaktionspartner, die aneinander gegenseitige Anforderungen stellen, die der jeweils andere annehmen oder ablehnen kann, wie es Mead (z.B. 1991) in seiner Theorie des „Symbolischen Interaktionismus" differenziert zum Ausdruck bringt. Im Prozeß des „role-taking" findet eine Vorwegnahme der Interaktionssituation statt, indem die beiden Partner sich jeweils in die Position des anderen versetzen, um z.B. die Intention und weiteren Handlungen abzuschätzen. Dabei wird durch Symbole wie sie u.a. Sprache und Mimik darstellen immer eine Aktivität von Person *A* bei Person *B* ausgelöst und umgekehrt. Die Bedeutung der Symbole wird fortwährend zwischen Sender und Empfänger ausgehandelt. Idealtypisch umfaßt die symbolische Interaktion, die geprägt ist durch die Reflexion über die Intention des Gegenübers und Abstimmung seiner eigenen Handlungen auf diese, drei Elemente (vgl. Recht 1995, S. 15-19):

1. Durch die Botschaft wird deutlich, zu was der Adressat einer Geste angeregt werden soll,

2. Was der Sender einer Geste beabsichtigt und

3. Welche gemeinsame Handlung aus der Verbindung der Handlungen der beteiligten Personen hervorgehen soll.

Habermas spricht in diesem Sinn von „kommunikativem Handeln"[6]: Zwischen Ego und Alter[7] besteht eine gewisse Kongruenz, da sie Informationen bzw. Botschaften eine gemeinsame Bedeutung beimessen müssen, um sich gegenseitig zu verstehen und dementsprechend ihr Handeln ausrichten können. Er geht zudem noch einen Schritt weiter, in-

---

[6] Kommunikation und Interaktion sind unter soziologischer Betrachtung ebenfalls eng miteinander verbunden, jedoch stehen die Individuen und ihre Absichten mehr im Mittelpunkt als bei den klassischen Kommunikationstheorien, deren Augenmerk doch eher auf Funktionsweisen des Kommunikationsprozesses liegt.
[7] Hier: Sender und Empfänger in wechselnden Rollen

dem er Interaktion als dialogisches, nicht zweckrationales[8] Prinzip ansieht, in dem Ego und Alter um gegenseitige Verständigung und Verstehen des anderen wirklich bemüht sind und ein gegenseitiges Interesse an der anderen Person bekunden (Habermas 1981, S. 149ff).

3.3 Medien und Interaktivität im Hinblick auf individuumsorientierte Ansätze

Historisch betrachtet liegen die Wurzeln der Erforschung von Medien sowie den Reaktionen der Menschen auf diese im ersten Drittel unseren Jahrhunderts in den USA (vgl. Sander/Vollbrecht 1987, S. 13). Durch die Verbreitung von Massenmedien wie Tageszeitungen und Fernsehen wurden verschiedene Stimmen laut, die die kontrollierende und manipulierende Wirkung dieser Kommunikationsmittel anprangerten (Man bedenke nicht zu guter Letzt die Wirkung der Radioansprachen von Goebbels und Hitler einige Jahre später in Deutschland). Die in jener Zeit entstehende *Medienwirkungsforschung* sieht den Menschen eher aus behavioristischer Perspektive: als passives Subjekt, auf das die Medien manipulierenden Einfluß besitzen. Von Interaktivität kann in diesem Zusammenhang nicht gesprochen werden, da der Informationsfluß nur in eine Richtung (und zwar vom Sender (Kommunikator) zum Empfänger (Rezipient) erfolgt (siehe Abb. 6).

---

[8] Zweckrational bedeutet, sich vor allem an technischen Regeln zu orientieren und im Endeffekt nur individuelle, egozentrische Ziele zu verfolgen (vgl. Jäckel 1995, S. 465). Werbung wäre demnach keine echte Interaktion, da sie nur vom Zweck des Konsums bestimmt ist und der Kommunikator kein wirkliches Interesse an dem Rezipienten als Person besitzt.

```
┌─────────────────────────────────────────────────┐
│                                                 │
│  Kommunikator  →  Rezipient  →  Handlungsveränderung  │
│                                                 │
├─────────────────────────────────────────────────┤
│  Abb. 6.: „Ansatz der Medienwirkungsforschung"   │
└─────────────────────────────────────────────────┘
```

Die zentrale Fragestellung in dieser Forschungsrichtung lautet nach: „What do the media with people?" (vgl. Katz/Foulkes 1962, S. 378). Dem Medieninhalt wurde eine nahezu omnipotente Wirkung zugeschrieben (die sogenannte „Allmachts-These").

Eine solche Sichtweise erscheint jedoch verkürzt. Wählt ein Rezipient nicht sein Medium aus? Selektiert er nicht die Programmangebote, die z.B. Fernsehen, Radio und Internet bieten? Wo erscheinen in diesem Modell Familie, Freunde und Gesellschaft, die ohne Zweifel ebenfalls Einfluß auf Gedanken und Handlungen eines Individuums besitzen?

Eben solche Fragen versucht der aus dem „uses-and-gratifications approach" sowie den handlungstheoretischen Implikationen des „Symbolischen Interaktionismus" (siehe vorheriges Kapitel) entwickelte *Nutzenansatz* (Katz et al. 1973), Rechnung zu tragen. Die Vertreter dieser Forschungsrichtung messen der Eigenaktivität des Subjektes eine entscheidende Rolle im Rezeptionsprozeß bei (siehe Abb. 7).

```
┌──────────────────────────────────────────┐
│                                          │
│                                          │
│    Kommunikator  ←  Rezipient            │
│                                          │
│                                          │
│    Abb. 7: „Perspektive des Nutzenansatzes"  │
└──────────────────────────────────────────┘
```

Medienangebote werden nicht einfach aufgenommen, sondern auf eigene Ziele, Wünsche, Werte, etc. abgestimmt[9]. Die zentrale Fragestellung lautet hier: „What do people

---

[9] An dieser Stelle zeigen sich u.a. die Anteile des „uses-and-gratifications approach".

with the media?". Wie und wofür nutzen sie das Medium? Welche Funktion hat das Medium für das Individuum? Medien werden demnach als Mittel zur Bedürfnisbefriedigung angesehen, die der Rezipient sehr individuell und interessengeleitet zu nutzen weiß. Das Individuum schreibt den Personen und Objekten aufgrund seiner Erfahrungen bestimmte Bedeutungen zu (Symbole), d.h. Gegenstände werden mit einer Bedeutung verbunden, sobald sie einen gewissen Zusammenhang zum Lebenskontext der jeweiligen Person besitzen. Medien wie das Internet bieten Inhalte an, die der Mensch in seine Lebenswelt integrieren kann, zu seinen Objekten machen kann, oder nicht. Als Subjekt habe ich die Auswahl zwischen verschiedenen Medien, unter denen ich mich frei entscheiden kann. Mit der Selektion von Medien bzw. ihren Inhalten erhalten diese eine persönliche Bedeutung: das Individuum konstruiert sich seine eigene (Medien-)Welt.

Eine Synthese zwischen dem medienorientierten Wirkungsansatz und dem rezipientenorientierten Nutzenansatz versucht der dynamisch-transaktionale Ansatz, dessen Forschungsrichtung u.a. Früh und Schönbach angehören (ebd., S. 1982). Er setzt Kommunikator und Rezipient in eine wechselseitige Beziehung zueinander – ähnlich dem Kommunikationswissenschaftlichen Modell von Shannon/Weaver, welches in Kapitel 3.1 vorgestellt wurde –, in denen jeder von ihnen in die Lage versetzt wird, sowohl den aktiven als auch den passiven Part zu übernehmen (siehe Abb. 8).

```
┌─────────────────────────────────────────────────────┐
│                                                       │
│   Kommunikator  ←→  Rezipient                         │
│   (aktiv / passiv)     (passiv / aktiv)               │
│                                                       │
│   ──────────────────────────────────────────────     │
│   Abb. 8: „Perspektive des dynamisch-transaktionalen Ansatzes"  │
│                                                       │
└─────────────────────────────────────────────────────┘
```

Produzenten von Internetofferten sind aktiv, indem sie Animationen, Text, Grafiken, etc. kreieren. Sie sind jedoch zumindest teilweise an die Adressatenwünsche gebunden, da diese die Angebote der Webpage annehmen sollen, und somit passiv. Die Rezipienten wiederum besitzen die Chance zwischen den verschiedenen Angeboten auszuwählen

22

(aktive Seite), sind jedoch in ihrer Auswahl durch die Offerten, die überhaupt existieren, eingeschränkt (passive Seite).

3.4 Zusammenführung der theoretischen Aspekte im Hinblick auf das Neue Medium Internet

Das Internet ist ein interaktives, bi- bzw. multidirektionales Medium: Jeder Empfänger ist selbst ein potentieller Sender. Er kann die Rolle des Receivers übernehmen, indem er z.B. durch Surfen oder Downloads Informationen bzw. Daten *aus dem Netz zieht*. Ebenso besteht für ihn die Gelegenheit, auf die Seite des Transmitters zu treten, wenn er z.B. seine eigenen Webseiten im Internet plaziert.

Zudem wird sowohl synchrone als auch asynchrone Kommunikation offeriert: erstere z.B. in Chatrooms, letztere u.a. durch Emails oder die Teilnahme an einer Newsgroup oder einem Schwarzen Brett[10]. Eine direkte Kommunikation ist jedoch nicht möglich, da die Interaktionspartner – obwohl sie zur selben Zeit miteinander agieren – sich nicht an demselben Ort befinden (vgl. Kapitel 3.1). Durch die technischen Möglichkeiten des gleichzeitigen Aufbaus einer visuellen sowie auditiven Übermittlungsleitung mittels *Webcam* und Mikrofon kann eine direkte Kommunikation nur simuliert werden: Sender und Empfänger sehen und hören einander; es bleibt jedoch der mediale Übertragungsweg bestehen, der u.a. taktile sowie olfaktorische Reize (zumindest heutzutage noch) ausschließt. Doch auch wenn dies nicht mehr der Fall wäre, könnte man keinesfalls von einer *face-to-face*-Interaktion sprechen, da zwischen Transmitter und Receiver über das Medium Internet miteinander verbunden sind (siehe Abbildung 9).

---

[10] Nähere Erläuterungen zu den einzelnen Beispielen befinden sich in Kapitel 4 dieser Arbeit.

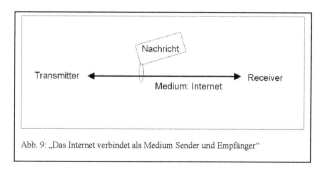

Abb. 9: „Das Internet verbindet als Medium Sender und Empfänger"

Führt man die Erkenntnisse zum Interaktivitätsbegriff aus Kommunikationstheorie, Soziologie und Medienforschung zusammen, müssen folgende Aspekte im Hinblick auf das Medium Internet berücksichtigt werden:

1. Der Sender verschickt eine Botschaft an den Empfänger, die auf dem Übermittlungsweg unterschiedlichen Störquellen ausgesetzt sein kann. Für das Internet könnte dies ein Zusammenbruch des Servers sein oder eine nicht richtig zusammengesetzte Webpage[11] (→ erweitertes Kommunikationsmodell von Shannon und Weaver).

2. Eine Botschaft enthält vier Elemente: Appellfunktion, Sachinhalt, Beziehungsebene und Selbstdarstellung. Da im Netz häufig Kanäle wie Gestik und Mimik nicht übertragen werden, kann es bei der Decodierung der Nachricht zu Verständnisproblemen kommen, die durch defizitäre Übermittlung eines oder mehrerer Elemente verursacht werden[12] (→ Vier-Seiten Modell Schulz von Thuns).

---

[11] In der Praxis kommt es z.B. häufiger vor, daß ein Browser die Bilder einer Seite nicht ordnungsgemäß darzustellen vermag.
[12] Im Chat oder MUD ist es z.B. schwierig, Beziehungsaspekte zu vermitteln oder Ironie auszudrücken (vgl. Kapitel 4.11 und 4.12).

3. Soziologisch gesehen stellt die Interaktion einen Sonderfall der Kommunikation dar, weil Transmitter und Receiver ihre Rollen flexibel tauschen können (vgl. Abbildung 8 auf Seite 22). Des weiteren nimmt der Empfänger aktiv am Interaktionsprozeß teil, indem er z.b. sein Handeln reflektiert (→ Habermas). Zwischen den beiden Partnern sollte eine wechselseitige Orientierung (→ Jäckel) stattfinden, die durch „role-taking" (→ Mead) und Interesse aneinander (Habermas) gekennzeichnet ist. Andernfalls wird von einer „para-sozialen" Interaktion (→ Horton/Wohl) gesprochen, in der der Receiver die Botschaft erhält (Kommunikation somit stattgefunden hat), über diese reflektiert, jedoch dem Transmitter kein Feedback gibt, also nicht selbst in die Rolle des Senders tritt.

4. Weder läßt sich die Seite des Transmitters noch die des Receivers losgelöst von der anderen betrachten, da sie durch den Kommunikations- bzw. Interaktionsprozeß miteinander in Verbindung stehen (→ dynamisch-transaktionaler Ansatz).

Daraus lassen sich – betrachtet man das Netz – *drei „Interaktivitätsebenen"* ableiten, die sich durch eine unterschiedliche Tiefe der Interaktion auszeichnen[13]:

1. *Die primär rezeptive Ebene:*

Auf dieser Ebene wäre z.B. das „Browsing" einzuordnen, mit dem Kuhlen (1991) zielloses Surfen bezeichnet, bei dem der User kein spezielles Ziel (wie z.B. Informationen zu einem Thema suchen) besitzt, sondern sich durch die Attraktivität der verschiedenen Angebote auf den Internetseiten leiten läßt. Er verfolgt die Links sozusagen assoziativ (vgl. Tergan 1997, S. 127). In diesem Fall kann man von *para-sozialer Interaktion* sprechen, da eine Kommunikation zwischen dem Autor der Seiten und dem Nutzer stattfindet (ähnlich dem Leser und Autor eines Buches, wobei der Leser das Buch durchblättert und einige Textstellen rezipiert), ein flexibler Übergang zwischen Sender- und Empfängerpo-

---

[13] Eine zusätzliche Verständnishilfe bietet die übersichtliche Tabelle A.2.1 im Anhang dieser Arbeit.

sition auf inhaltlicher Ebene jedoch nicht gegeben ist. Das Internet bzw. die spezielle Webpage fungiert hierbei als Medium, d.h. als Träger der Botschaft. Technisch besteht die Möglichkeit, daß die Spur des Users von dem Anbieter der Internetseiten verfolgt werden kann, indem dieser z.b. spezielle Software auf dem lokalen Rechner des Nutzers plaziert (sog. Cookies), die aufgerufene Inhalte, über die auf Interessen des Teilnehmers geschlossen werden kann, an den Anbieter übermittelt. Hierbei läßt sich jedoch kaum von einer echten „wechselseitigen Orientierung" sprechen, da der ganze Vorgang vom User in den meisten Fällen quasi unbemerkt bleibt, da er ein gewisses Maß an technischem Wissen voraussetzt und strenggenommen nicht die beiden menschlichen Wesen, sondern Softwareprogramme miteinander in Kontakt treten, die zudem jeweils nur von *einer* der Kommunikationsparteien (dem Anbieter) ausgesandt wurden. Der Empfänger wird somit nicht über das Handeln seiner selbst sowie das des Anbieters reflektieren können (siehe Abb. 10).

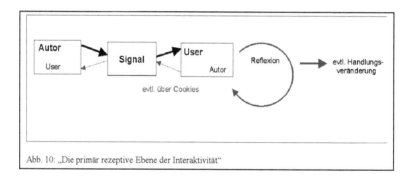

Abb. 10: „Die primär rezeptive Ebene der Interaktivität"

Betrachtet man die rein technische Ebene so ließe sich dennoch von einer Interaktion sprechen, da die Rollen des Transmitters und Receivers auf unterstem Niveau natürlich getauscht werden. Der Anbieter ist Produzent der Internetseiten (Sender), der User ruft diese Informationen ab (Empfänger). Während dieses Prozesses wird der Nutzer zum Sender, da er durch das Anklicken der Links, dem Anbieter seine Navigationsabfolge mitteilt. Dies ließe sich mit den Einschaltquoten im Fernsehen vergleichen, die dem Produzenten mitteilen, ob sein Angebot auf Interesse stößt. Dennoch wird das herkömmliche Fernsehen nicht als interaktiv bezeichnet.

Das rein technische Niveau scheint für den Begriff der Interaktivität aus bereits dargestellten Gründen zu niedrig angesiedelt. Man sollte vielleicht in diesem Fall eher von *geringer Adaptivität* – falls der Webautor auf die Interessen des Users reagiert, die ihm durch die Cookies mitgeteilt wurden und die Seite dementsprechend verändert – als von Interaktivität einer Webpage sprechen.

2. *Die mittlere Ebene*:

Charakteristisch für die mittlere Ebene ist *eine aktive, intentionale Beteiligung des Nutzers*, der gezielt ein bestimmtes Interesse befolgt, indem er z.b. über spezielle Suchalgorithmen versucht, Informationen aus dem Netz zu erhalten. Zur Verfügung stehen ihm beispielsweise zahlreiche *Suchmaschinen* wie Yahoo, Lycos, Altavista oder Fireball, die das Internet nach dem/den eingegebenen Begriff/en durchsuchen. Entscheidend stellt sich der Umstand dar, daß *der Nutzer sein Handeln reflektiert*, nachdenkt, seine Suchbegriffe in Richtung Effektivität modifiziert (in Abb. 11 mit „aktive Reflexion" bezeichnet). Er durchstreift die Hypertextbasis gezielt nach seinen eigenen Interessen und verbindet Seiten für sich[14], die u.U. noch gar nicht vernetzt waren, indem er z.B. Webpages zu einem Oberthema zusammenstellt: „Jeder Leser hinterläßt bei der Lektüre seine eigene Spur im Text. Oder besser: jeder Leser komponiert den Gegenstand seiner Lektüre durch aktive Selektion der vorgegebenen Links. Die individuelle Rezeptionsperspektive bestimmt die Abfolge der Textbausteine [(Grafiken, Animationen, Text) Anmerkung der Autorin]" (Sandbothe 1997, S. 8). Es bleibt trotz allem eine Kommunikation mit einem Programm als Kommunikationspartner. Der Mensch (bzw. die Menschen), die an der Entwicklung beteiligt waren, treten nicht in Aktion. Sender und Empfänger besitzen zwar eine gegen-

---

[14] Der Nutzer verbindet die Webseiten zumindest gedanklich, indem er sich ihre Inhalte merkt. Zumeist werden jedoch wenigstens „Bookmarks" erstellt, die in einem gesonderten Ordner für das jeweilige Thema subsumiert werden (nähere Erläuterungen finden sich in Kap. 4 dieser Arbeit).

seitige Vorstellung voneinander, wissen de facto jedoch nicht, wie der jeweils andere (re-) agiert, was er genau beabsichtigt, etc. Das Programm ist nicht in der Lage, die genaue Bedeutung der eingetippten Worte zu ermitteln, es hat *kein „ehrliches Interesse"* an der Person des Users, welches Habermas für eine echte Interaktion, die dem dialogisch, nicht-zweckrationalen Prinzip folgt, voraussetzt (vgl. Kapitel 3.2).

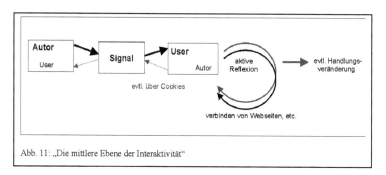

Abb. 11: „Die mittlere Ebene der Interaktivität"

3. Die aktive Ebene:

Auf der aktiven Ebene liegen alle Aktionen, bei denen der User physisch, für andere sichtbar, Veränderungen an den Netzinhalten vornimmt, in denen er einen Teil von sich in das Netz hineingibt oder er mit anderen Personen interagiert, wie dies im Chat, über das Layouten eigener Homepages oder der Teilnahme an einer Newsgroup gegeben ist. Auf der aktiven Ebene wird zumindest generell die Möglichkeit offeriert, *Sender- und Empfängerrolle flexibel zu wechseln* und eine Form des *„role-taking"* zu praktizieren. Diese Interaktivitätsform reicht sehr nahe an eine „face-to-face"-Kommunikation heran, die als das Nonplusultra der interaktiven Medien angesehen wird, da sie die älteste und „natürlichste" Form des Interagierens darstellt: „Face-to-face communication is held up as the model because the sender and receiver use all their senses, the reply is immediate,

28

the communication is generally closed circuit, and the content is primarily informal or ‚ad lib'" (Durlak, 1987, S. 744).

Betrachtet man die Interaktion in Chatrooms oder MUDs wird dies besonders deutlich, wo ein ständiger Dialog zumeist in synchroner Form zwischen zwei oder mehreren Teilnehmern zu beobachten ist: eine Message wird durch einen Autor gesendet, erreicht als Signal den Empfänger (hier: User), der diese liest, darüber nachdenkt und eine Reaktion in Form einer weiteren Botschaft absendet, *die wiederum den Autor der ersten erreicht –* und so fort (vgl. Abb. 12).

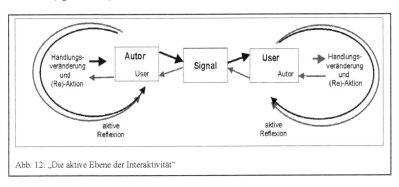

Abb. 12: „Die aktive Ebene der Interaktivität"

Eine medial vermittelte Kommunikation wird also um so interaktiver angesehen, desto mehr die Prämissen einer permanenten wechselseitigen Wahrnehmung gelten, da Handlungen auf die (Re-)Aktionen des anderen unmittelbarer abgestimmt werden können. Einem soziologisch orientierten interaktiven Prozeß gehören zudem Elemente des gegenseitigen Verständnisses an, die auf dem Vorwissen über Kontext und Kommunikationspartner, der Vielfältigkeit der Anschlußmöglichkeiten sowie einer geringen Vorstrukturierung der Interaktionssituation fußen[15].

Im folgenden Kapitel werden nun einige Internetangebote exemplarisch vorgestellt und den verschiedenen interaktiven Formen zugeordnet. Besondere Aufmerksamkeit soll der dritten (aktiven) Interaktivitätsebene gelten, da sie der von der Autorin präferierten traditionell soziologischen Definition von Interaktivität folgt, die höhere Anforderungen an den Nutzer des Internets bzw. die beiden Kommunikationspartner stellt als die beiden ersten Ebenen (z.B. Handlungsreflexion, Eingehen auf den Interaktionspartner, Aushandeln von Symbolbedeutungen[16]) und somit der gesamte Prozeß auf einem höheren Niveau anzusiedeln ist. Im Zentrum der Betrachtung werden die User stehen, die dem Internet eigenaktiv, selektiv begegnen und seine Angebote auf ihre jeweiligen Wünsche, Ziele, etc. abstimmen.

---

[15] Näher ausgeführt in Kapitel 3.2 dieser Arbeit.
[16] Siehe den vorangegangenen Ausführungen in Kapitel 3.1 bis 3.3 dieser Arbeit.

4 Möglichkeiten des Internet und ihre (inter-) aktive Nutzung

In Faschings Arbeit von 1997 findet sich folgende Definition des Internets: es ist eine „Sammlung von Welterfahrung im geordneten Chaos[1] des Gemeinschaftsgeistes" (ebd. 1997, S. 19). Diese Sammlung wird täglich erweitert[2] und ist nicht nur Sammlung von Erfahrungen sondern bildet ihrerseits auch neue virtuelle Erfahrungen, die teilweise in die reale Welt diffundieren. Im folgenden wird exemplarisch vorgestellt welche Erfahrungen Menschen mit dem Internet machen, d.h. wie sie sein interaktives Potential für sich nutzen, welche spezielle Bedeutung sie der virtuellen Realität zuschreiben und wodurch sich die Gemeinschaften im Netz auszeichnen.

Die primär rezeptive Ebene der Interaktivität

4.1 Surfen

Untersuchungen zur Internetnutzung zeigen deutlich, daß das Surfen eine der häufigsten Nutzungsarten darstellt. So gaben dies 77 %[3] der Bundesdeutschen Online-Anwender ab 14 Jahren in der Erhebung der ARD/ZDF-Online-Studie 1999 (ARD/ZDF-Arbeitsgruppe Multimedia 1999, S. 404) an und auch Treumann et al. erhielten in ihrer Schülerbefra-

---

[1] Das Netz und seine Inhalte sind originär nicht speziell geordnet, wodurch der Eindruck des „Chaos" entstehen kann. Auf den einzelnen Internetseiten findet sich in der Regel jedoch eine bestimmte Ordnung, die durch den Webautor vorgenommen wurde. Weiterhin versuchen Suchmaschinen sowie Internetdienste wie AOL oder T-Online das Internet bzw. einen Teil nach Themengebieten zu gliedern. Doch durch die Mengen an täglich hinzugefügten Webseiten wird eine Einteilung, die dem tatsächlichen aktuellen Stand der entsprechenden Stunde, Minute oder gar Sekunde gerecht wird, unmöglich.
[2] „Erweitert" bezieht sich auf die Gesamtgröße der Netzinhalte. Einige Inhalte werden auch wieder aus dem Internet genommen, da jedoch die Summe der neu eingefügten die der herausgenommenen übersteigt, nimmt der Gesamtinhalt der im Internet verfügbaren Informationen bzw. Seiten zu.
[3] Die Angaben der ARD/ZDF-Online-Studie beziehen sich immer auf eine repräsentative Grundgesamtheit aller befragten Online-Anwender in Deutschland ab 14 Jahren von n = 1003 Personen (1997), n = 1006 Personen (1998) und n = 1002 (1999). Falls im Text keine weitere Jahresangabe angegeben ist, so beziehen sich die Zahlen auf das Jahr 1999 (aktuellste Erhebung).

gung mit 85,6 % (in der Schule gesurft)[4] bzw. 93,5 % (Zuhause gesurft)[5] hohe Ergebnisse zu dieser Nutzungsart bei der Frage: „Was hast Du in der Schule bzw. privat mit dem Internet gemacht?" (vgl. Treumann et al. 1999, S. 164, 167).

Der einfache Ausdruck „Surfen" ist problematisch, da er in der Alltagssprache zunächst jegliches Aufrufen von Internetseiten bezeichnet. In der wissenschaftlichen Literatur findet sich jedoch eine genauere Unterscheidung, die u.a. das einfache „Browsing" von der gezielten Informationssuche abgrenzt (vgl. Tergan 1997, S. 127). Unter Ersterem versteht man das ziellose Durchstöbern des Netzes zum Zeitvertreib, etc. welches der ersten, primär rezeptiven Interaktivitätsebene zuzuordnen ist, da keine „wechselseitige Orientierung" der beiden Kommunikationspartner auszumachen ist, ein flexibler Wechsel der Sender- und Empfängerrolle nicht vorgesehen ist und der Nutzer nicht oder kaum über sein Handeln reflektiert: Er folgt den Links assoziativ und läßt sich von augenblicklichen Reizen leiten[6] (siehe auch Abb. 10 in Kapitel 3.4, S. 26).

Mit Hilfe des Browsing läßt sich hervorragend ein erster Eindruck des Internets gewinnen. Daher wenden besonders Internet-Neulinge diese Form der Nutzung an. Mit zunehmender Nutzungshäufigkeit werden jedoch andere Anforderungen an das Netz gestellt, die ein höheres Maß an Interaktivität erfordern bzw. aufweisen:

Die mittlere Ebene der Interaktivität

4.2 Gezielter Informationsabruf

Auf der mittleren Ebene der Interaktivität ist der gezielte Informationsabruf einzuordnen, der eine aktive, intentionale Beteiligung des Nutzers voraussetzt. Es werden Suchalgorithmen eingesetzt und auf ihre Effektivität hin überprüft, d.h. es findet eine Reflexion

---

[4] Für die Arbeit in der Schule mit dem Netz gilt in dieser Erhebung: n=850, Mehrfachnennungen möglich.
[5] Für die Arbeit Zuhause (d.h. im *privaten* Bereich) mit dem Netz gilt für diese Erhebung: n=1081, Mehrfachnennungen möglich.

der Nutzungssituation von Seiten des Users statt (siehe Kapitel 3.4 sowie Abb. 11, S. 28). Eine Möglichkeit ist der Rückgriff auf sogenannte *Suchmaschinen* wie *Lycos* oder *Altavista*. Die Startseite der Ersteren zeigt Abbildung 13. In der oberen Hälfte des Bildschirms ist das Feld markiert, in dem Suchbegriffe eingegeben werden können. Klickt man dann den Button „Finde!" an, so wird die Datenbank von *Lycos* nach diesen Begriffen durchsucht und die Treffer, d.h. die Webseiten, in denen die Suchwörter enthalten sind, angezeigt. Eine weitere Möglichkeit besteht darin, die bereits hierarchisch geordneten Themenbereiche (in der Abbildung mit „Themen" bezeichnet) per Mausklicks zu durchsuchen. Für die Begriffe „Software" und „kostenlos" könnte man z.B. den Weg über die Links „Computer" oder „Spiele" versuchen, da sie inhaltlich mit diesen in Verbindung stehen.

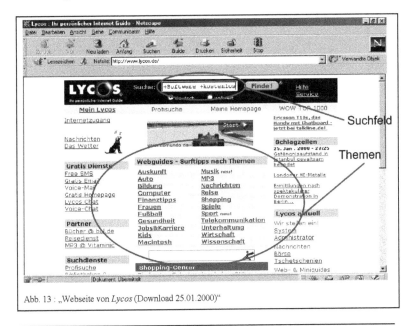

Abb. 13 : „Webseite von *Lycos* (Download 25.01.2000)"

---

[6] Nähere Erläuterungen zur Ebenenzuordnung befinden sich aufgrund von Gliederungsoptimierungen bereits in Kapitel 3.4 dieser Arbeit.

In *Altavista* ist eine detailliertere „Profi-Suche" möglich, die u.a. Boolsche-Operatoren wie AND, OR sowie eine Datumsbeschränkung zuläßt (siehe Abb. 14).

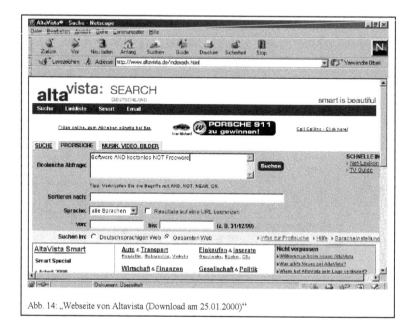

Abb. 14: „Webseite von Altavista (Download am 25.01.2000)"

Dem User stehen somit verschiedene Möglichkeiten zur Verfügung, die gewünschten Informationen zu erhalten, unter denen er gemäß seiner Präferenzen auswählen kann. Für eine Suche nach speziellen Begriffen reicht zumeist die Eingabe eines Wortes. Möchte man allerdings etwas über z.B. kostenlose Vollversionen von Software erfahren, ist es sinnvoller, die Suche zu spezifizieren, indem man Wörter wie „kostenlos" mittels *AND* hinzufügt und „Shareware"[7] mit Hilfe des *NOT* ausschließt .

---

[7] Shareware enthält in der Regel keine Vollversionen sondern zeitlich limitierte oder eingeschränkte Programme.

Auch diese Art der Internetnutzung findet häufig Anwendung: 84,2 % der Schüler in der Untersuchung von Treumann et al. (1999, S. 164, 167) gaben an, in der Schule das Netz auf diese Weise zu nutzen; Zuhause waren es 74,6 %. Darin enthalten waren z.B. Informationsabrufe zu ihren Hobbies (47, 7 % in der Schule bzw. 61,1 % Zuhause) sowie über ihre Lieblingsbands (42 % in der Schule bzw. 50, 8 % Zuhause).

Die Werte der ARD/ZDF-Online-Studie reichen mit 71 % (Reiseinfos, wie Zug-/ Flugpläne) bis 43 % (Wetterinformationen) ebenfalls an diesen Prozentbereich heran. Folgende Tabelle verdeutlicht die Differenziertheit der Informationsabrufe in verschiedenen Themensparten:

Reiseinfos wie Zug-/Flugpläne	71 %
Aktuelle Nachrichten	62 %
Adressen	59 %
Aktuelle Infos aus der Region	58 %
Newsletter von Organisationen	51%
Wetterinfos	43 %
Radio-/Fernsehprogramm	33 %

Tabelle 1: „Informationsabrufe nach Themen"

Eine Besonderheit stellen die in der Tabelle angegebenen „Newsletter" in der Betrachtungsweise der gezielten Informationsabrufe dar. Es handelt sich dabei um Informationsdateien, die regelmäßig von Organisationen per Email an diejenigen Nutzer gesandt werden, die diese bei ihnen abboniert haben. Die Nutzer fordern also nicht jedesmal neue Informationen an, sondern erhalten sie automatisch – nach einmaligem Eintrag in die Mailing-Liste der entsprechenden Organisation. Dieses Vorgehen wird mit „pushen" (engl.: to push = stoßen, schieben) bezeichnet, da die Aktivität nicht von dem User ausgeht, der sich die Information aus dem Netz auf seinen Bildschirm „zieht" (engl.: to pull) sondern vom Sender – in diesem Fall der Organisation.

Ein Newsletter (hier nur der Anfang abgebildet) von GMX[8] sieht z.b. folgendermaßen aus:

Betreff: GMX-Info 34: Surfgeld
Datum: Fri, 17 Dec 1999 16:11:11 +0000 (GMT)
Von: Global Message Exchange <gmxred@gmx.net>
An: Alle Mitglieder von GMX <members@gmx.net>

****
Der GMX Quick-Check - Für eilige Leser

+++ Das junge Medium Internet überrascht immer wieder mit neuen
Marketingmodellen. "Geld fürs Surfen" - ein neuer Stern am
Netzhimmel? (II.) +++

+++ Weihnachtliche Abwesenheitsschaltung: Die automatische Antwort
bei Maileingang. (Tipps und Tricks unter III.)

****
GMX-Info 34/99:

I.   Wir sind drin - im Fernsehen
II.   Surfen und reich werden - Geldverdienen im Netz?
III.   Tipps und Tricks: Abwesenheitsschaltung
IV.   Ausgewähltes: ISS und Cyber-Attacken
V.   GiMiX-Wetter: Tiefdruckgebiet verzogen
VI.   Obligatorisches/Disclaimer/Impressum

I. Liebes GMX-Mitglied!
══
Haben Sie uns schon gesehen? Nein, noch nicht? Wir sind mit drei
Werbespots in der Flimmerkiste zu sehen. Ein Ausschnitt: Also, ein
augenscheinlich wichtiger Geschäftsmann eilt in tiefster Pampas
an eine Telefonzelle. Energisch ergreift er den Hörer, klopft die
Nummer in die Tastatur und... Ach, wir sollten vielleicht doch nicht
mehr verraten. Sonst ist die Pointe ja weg.
In diesem Sinne,
Ihr GMX-Team

II. Surfen und reich werden - Geldverdienen im Netz?
══
Glänzt ein neuer Stern zum Jahresende am Netzhimmel? Mit "Geld fürs
Surfen" werben junge Internetfirmen nach dem Motto: Je länger der
Aufenthalt in den Netzgefilden, desto mehr Cash. Klingt verheißungs-
voll, aber was verbirgt sich dahinter?
Unternehmen wie "AdOne", "prosite", "FairAd", "SaveBySurf" oder
"Surf4Cash" werben seit Monaten mit Verdienstmöglichkeiten durchs
Surfen - ohne zusätzliche Anstrengungen. Die Idee ist, erzielte

---

Abb. 15: „Der Newsletter von GMX vom 17.12.1999"

---

[8] Global Message Exchange unter http://www.gmx.de

Die Form des gezielten Informationsabrufs via Newsletter ist ebenfalls auf der mittleren Ebene der Interaktivität einzuordnen, da keine weitere Interaktion von Seiten des Nutzers mit dem Sender stattfindet. Die Organisation verschickt Emails auf automatischem Weg, die Informationen enthalten, die der Anwender erhalten möchte. Dieser kann sie lesen, darüber nachdenken, gibt aber in der Regel kein Feedback an die Autoren der Mail. Der GMX-Letter informiert z.b. über Entwicklungen auf dem GMX-Server, bei dem die Person, die ihn erhält, einen Email-Account eingerichtet hat und die für sie unter Umständen wichtig sein können. Dies könnte der Fall sein, wenn einmal für ein paar Stunden der Server wegen Reparaturarbeiten nicht zu erreichen sein sollte und die Person in diesem Zeitraum keine Mails versenden und empfangen kann. Sie wird darüber nachdenken, sich darauf einrichten jedoch wahrscheinlich keinen Kontakt zu GMX aufnehmen. Somit ist die Nachricht vom Sender über das Medium Internet zum Empfänger gelangt, dieser hat über den Inhalt reflektiert, ist aber selbst nicht in die Rolle des Autors gewechselt um seinerseits eine Botschaft abzusenden[9].

4.3 Downloads

Auf Platz drei der Onlinenutzungsmöglichkeiten steht laut ARD/ZDF-Online-Studie 1999 mit einer Angabe von 74 %[10] das Downloaden von Dateien aus dem Internet. Auch die Mehrheit der mit dem Internet arbeitenden Schüler in der Befragung von Treumann et al. gaben an, das Netz auf diese Weise zu nutzen (in der Schule 45,5%, Zuhause 68,9 %)[11]. Hierzu zählen z.B. Textdateien, Sharewareprogramme und kostenlose Software wie sie u.a. unter http://www.tucows.de (siehe Abb. 16) erhältlich sind. Das Prinzip ist recht einfach: Ähnlich einer Suchmaschine gibt man eine Programmsparte bzw. einen Programmnamen (falls bekannt) in die Suchfunktion von *tucows* ein, die sogleich die Daten-

---

[9] Dieser Vorgang ist vergleichbar mit dem in Abb. 11 auf S. 28 dieser Arbeit.
[10] Dies bedeutet, daß 74 % der befragten Online-Nutzer diese Nutzungsart angaben.

bank durchsucht und die Treffer ausgibt. Es ist darauf zu achten, daß man die Programme herunterlädt, die für das jeweilige Betriebssystem (Windows 3.x, Windows 95/98, Unix, etc.) geschrieben sind. Der User hat auch die Möglichkeit, sich alle Programme für ein Betriebssystem anzeigen zu lassen, um darunter auszuwählen. Ist das Programm seiner Wahl gefunden, läßt es sich per Mausklick auf den lokalen Rechner zuhause herunterladen.

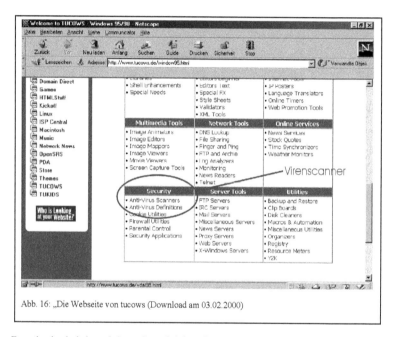

Abb. 16: „Die Webseite von tucows (Download am 03.02.2000)

Downloads sind der mittleren Interaktivitätsebene zuzuordnen, da der Nutzer das Programm zwar aktiv sucht (aktive Reflexion), es auf seiner Festplatte mit einer bestimmten Verwendungsabsicht (Handlung) speichert (z.B. einen Virenscanner auswählen, um ihn

---

[11] Diese Angaben ergeben sich aus den Zahlen der Items a) „Datei aus dem Internet geladen" und b) „Datei aus einem FTP-Verzeichnis geladen": in der Schule mit a) 34,1 % + b) 11,4 % und Zuhause mit a) 50,1 %

38

auf dem eigenen Rechner zu installieren und diesen so vor Viren zu schützen), jedoch in der Regel nicht in einen Feedback-Kontakt mit den Webautoren von *tucows* tritt. Zwar ist es möglich und sogar wahrscheinlich, daß die Anzahl der Abrufe des jeweiligen Programms (z.B. des Virenscanners *Thunderbyte-Anti-Virus*) von *tucows* auf Softwarebasis registriert werden, damit der Anbieter seine Produktpalette besser auf seine Kunden abstimmen kann, aber von dem einzelnen Nutzer der Angebote erfahren die Webautoren von *tucows* nichts. Zum einen wären detailliertere Nachfragen bzw. ein sonstiger Kontakt zwischen Endverbrauchern und Anbieter – z .B. via Email recht – zeitaufwendig und bei der großen Anzahl der Programmabrufe auf *tucows* wohl auch nicht zu leisten. Zum anderen ist dies manchmal auch gar nicht erwünscht. Welcher User möchte schon ständig gefragt werden, warum er grade dieses Programm heruntergeladen hat, was er damit genau beabsichtigt, wie er mit der Qualität zufrieden ist, etc. Manchmal möchte man sich einfach das holen, was man benötigt und ohne viel zu sagen (oder zu tippen) wieder gehen und nicht weiter „belästigt" werden. In der Anonymität des Internet ist das auf diese Weise sehr gut möglich. Ist gibt jedoch auch Fälle, in denen man als einzelne Person wahrgenommen werden will oder wahrgenommen werden muß, in denen andere Menschen auf die individuellen Belange reagieren. Um dies zu realisieren ist eine sehr aktive Interaktivitätsebene vonnöten, da Sender und Empfänger ihre Rollen wechseln, über ihre Wünsche reflektieren und angemessen reagieren müssen.

Natürlich existieren Internetseiten, die verschieden geartete Nutzungsmöglichkeiten besitzen. Die einzelnen Elemente lassen sich jedoch voneinander unterscheiden und in die verschiedenen Ebenen einordnen:

Betrachtet man z.B. die von einem Schüler ins Leben gerufene Page http://www.spickzettel.de, so ergibt sich folgendes Bild: Zum einen lassen sich gezielt Informationen[12] über eine Suchfunktion des Angebotes zu bestimmten Referatsthemen abrufen. Abbildung 17 zeigt einen Teil der gespeicherten Referate zum Suchwort „Noten".

+ b) 18,8 % (vgl. Treumann et al. 1999, S. 164 und 167).

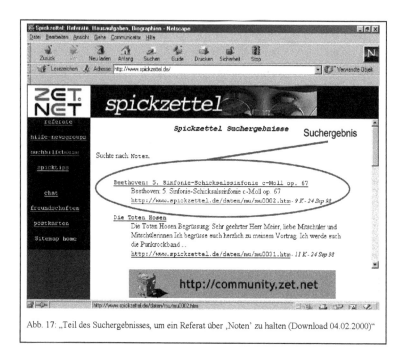

Abb. 17: „Teil des Suchergebnisses, um ein Referat über ‚Noten' zu halten (Download 04.02.2000)"

Verfolgt man den Link zum Referat: „Beethoven: 5. Sinfonie – Schicksalssinfonie c-Moll op. 67" (in der Abbildung rot eingekreist), ergibt sich folgendes Bild auf www.spickzettle.de (siehe Abb. 18):

---

[12] Ebene der mittleren Interaktivität (siehe Kapitel 4.2)

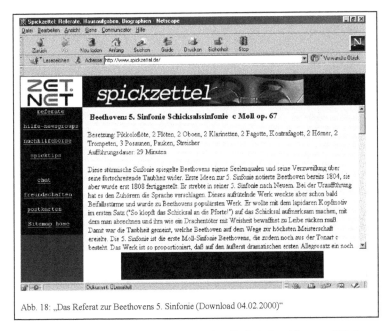

Abb. 18: „Das Referat zur Beethovens 5. Sinfonie (Download 04.02.2000)"

Der Text läßt sich ganz einfach markieren und über die Zwischenablage von Windows in jedes beliebige Textverarbeitungsprogramm konvertieren, um dann evtl. weiter bearbeitet zu werden.

Schüler (und natürlich auch andere User) können sich mittlerweile aus einer Datenbank, die über 2500 Referate umfaßt, bedienen. Es erscheint jedoch vernünftig, die vorhandenen Arbeiten nur als Anregung für eigene Referate zu nutzen, da auch Lehrern diese Internetadresse bekannt ist. Sie stellt jedoch eine gute Basis dar um eigene Ideen anzuregen und auszubauen (vgl. PZ 1999, Nr. 98, S. 36).

Zum anderen besteht die Möglichkeit, eigene Arbeiten über ein Formular an die Autoren zu senden und so mit ihnen in individuellen Kontakt zu treten (vgl. Kapitel 3.4 sowie Abb. 12, S. 28). Die Autoren wandeln die erhaltene Textdatei ins HTML-Format um und stellen sie auf dem *spickzettel* bereit. Der Internetnutzer nimmt auf diese Weise die Rolle des Senders an, der seine Botschaft (das ausgearbeitete Referat) sowohl an die Autoren als auch an alle anderen User sendet.

Des weiteren bietet die Webpage einen Chat und eine direkte Kontaktaufnahme via Email[13], die ebenfalls auf der höchsten Interaktivitätsstufe einzuordnen sind. Auf diese Formen der Nutzung soll jedoch in Kapitel 4.5 sowie 4.11 detaillierter eingegangen werden.

Die aktive Ebene der Interaktivität

4.4 Homepages erstellen

Das Internet enthält eine Fülle von Homepages, die Privatpersonen und Firmen erstellt haben, um sich selbst oder andere im Netz zu präsentieren. Die befragten Schüler, die das Internet nutzten gaben zu 36,8 % an, in der Schule Webseiten zu produzieren; Zuhause waren es 26,5 % (Treumann et al. 1999, S. 164 und 167). Hierdurch erhalten sie die Möglichkeit, etwas von sich ins Netz zu geben und seine Inhalte somit zu verändern, so daß es im Prinzip die ganze Welt merken könnte, da das Internet global verfügbar ist. Das Internet als Massenmedium fällt in diesem Kontext aus der herkömmlichen Definition heraus, da jeder Nutzer prinzipiell diese Manipulationen an ihm vorzunehmen vermag, währenddessen es bei Radio und Fernsehen nicht oder nur schwer möglich ist, d.h. das Netz als solches okkupiert die Rolle des Transmitters nicht.

Ein Webautor ist der „Star" und Produzent seiner eigenen Homepage, auf denen er sich selbst, seine Interessen, Hobbies und Vorlieben nach seinen Wünschen mittels Text,

---

[13] Laut PZ (1999, Nr. 98, S. 36) erhält Florian Tillmann, der Erfinder des *spickzettels*, täglich zehn bis 20 Emails.

Bild, Animation, Video und Sound darstellen kann. Die Homepage der Autorin dieser Arbeit sieht z.B. folgendermaßen aus:

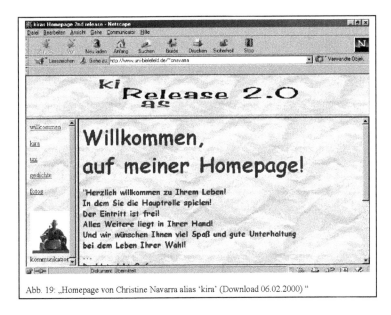

Abb. 19: „Homepage von Christine Navarra alias 'kira' (Download 06.02.2000) "

Über die Navigationsleiste gelangt man über die Links „kira", „uni", „gedichte" und „fotos" zu weiteren Inhalten der Homepage. Klickt man auf den Mönch mit der Unterschrift „kommunikation", so kann man die Webautorin via Email erreichen. Unter dem Punkt „kira" verbirgt sich eine Kurzinformation über die Autorin (Name, Heimatstadt, etc.), der Link „uni" verweist auf eine Seite, die den Studienort und das gewählte Fach preisgibt. Weiterhin sind von der Nutzerin präferierte Gedichte und Fotos von Freunden und Verwandten über die Links zu erreichen.

4.5 Email

Das Versenden und Empfangen von Emails steht laut der ARD/ZDF-Online-Studie 1999 (S. 404) immer noch an erster Stelle der tatsächlichen Nutzungsart des Internets: 89 % der Onlinenutzer gaben diese Form an. Von den Schülern der Erhebung von Treumann et al. gaben 41,8 % an, Emails von der Schule aus zu versenden bzw. zu empfangen und von Zuhause immerhin 61,1 %. Übertroffen wurde diese Nutzungsart vom Surfen, der gezielten Informationsrecherche und dem Chatten, welches an dem zusätzlichen Aufwand eines Email-Accounts liegen mag: Er muß durch einen Provider o.ä. bereitgestellt und von Seiten des Nutzers konfiguriert werden, was zum einen Zugangsmöglichkeiten und eine höhere Medienkompetenz (vgl. Kapitel fünf) erfordert, währenddessen die anderen Formen über einen Browser ohne weitere Konfiguration möglich sind.

Ist ein Mail-Account jedoch einmal eingerichtet, so gestaltet sich das Versenden und Empfangen von Emails denkbar einfach (vgl. Abb. 20):

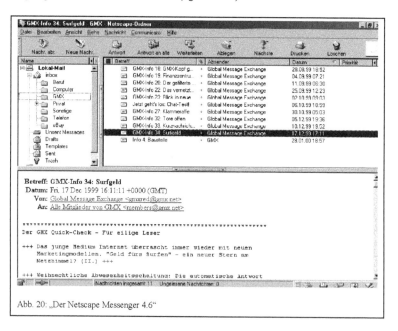

Abb. 20: „Der Netscape Messenger 4.6"

44

Über den „Nachrichten abr(ufen)"-Button (hier oben links in dem *Screenshot* des Netscape Navigators), werden die neu erhaltenen Emails auf den lokalen Rechner geladen
und in dem Mailverzeichnis des Browsers gespeichert. In dem linken oberen Fenster
sieht man die Verzeichnisse der Mails, in dem rechten die eingegangenen Emails. Der
Inhalt derjenige Nachricht, die angewählt wurde, erscheint in dem unteren Fernsterbe-
reich und ist wie ein Brief zu lesen. Um eine neue Mail selbst zu verfassen, steht der
Button „Neue Nachr(icht)" in der obersten Menüzeile zur Verfügung. Abb. 21 zeigt, wie
eine solche Mail aussieht: Im oberen Teil des Fensters wird die Email-Adresse des Empfängers sowie ein Betreff eingegeben; der untere Teil steht für die eigentliche Nachricht
zur Verfügung. Über den Button „Senden" wird die Botschaft auf ihren Weg durchs Netz
geschickt.

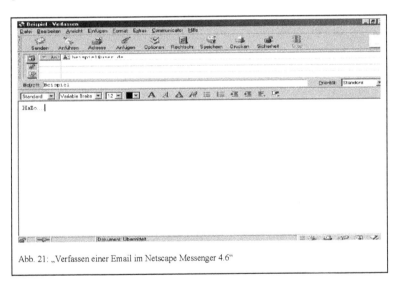

Abb. 21: „Verfassen einer Email im Netscape Messenger 4.6"

45

Die Vorteile der elektronischen Post liegen auf der Hand: in wenigen Sekunden erreicht sie entfernte Teile der Welt. Lästige Wege zur Post, um Briefmarken zu kaufen oder die Sendungen abzugeben, entfallen. Dadurch wird es viel leichter, seine eigene Meinung jemand anderem mitzuteilen. Beschwerden und Lob z.B. an diverse Produkthersteller sind einfach möglich – vorausgesetzt natürlich, die Firma besitzt einen Email-Account und gibt die Adresse auch an ihre Kunden weiter (vgl. Dyson 1999, S. 74).

„Das Internet ist ein Werkzeug, um die Öffentlichkeit einzubinden", verdeutlicht Gilberto Cutrupi, Internet-Entwickler bei Greenpeace International in Amsterdam (zit. nach Stegers 1999, S. 36). Greenpeace-Anhänger verschicken z.B. Emails an Minister oder große Konzerne, um auf Ihre Belange aufmerksam zu machen. Treffen jedoch mehrere tausend Mails auf den Server eines Adressaten, kann dies sehr unangenehm werden, da der gesamte Rechner aufgrund seiner eingeschränkten Kapazitäten lahmgelegt werden kann. Doch auch dieses Mittel wird genutzt, um Aufmerksamkeit zu erregen und Interessen durchzusetzen: dazu Cutrupi: „Wenn es den Server des Adressaten durcheinanderbringt, würde ich das durchaus einen Erfolg nennen."

Die Email ist eine *asynchrone* Form der Internetnutzung, die es ermöglicht, daß Sender und Empfänger ihre Rollen flexibel tauschen. Der Autor sendet über das Medium (Computer bzw. Internet) eine Nachricht (Mail) an den User, dieser empfängt, liest die Mail und reagiert darauf evtl. mit einer Antwort-Mail und übernimmt somit die Transmitter-Rolle, etc. (vgl. Kapitel 3.4 sowie Abb. 12 auf S. 28). Die Gesprächspartner können sich gegenseitig ihre Wünsche und Absichten mitteilen und Ihre Handlungen aufeinander abstimmen, da der Informationsfluß nicht uni-direktional verläuft.

4.6 E-Commerce/Online-Shopping

Weltweit existierten im Sommer 1999 bereits 214 Millionen Internetseiten, die Online-Shops repräsentieren - davon 14 Millionen in Deutschland (Hartmann 1999, S. 128). Laut ARD/ZDF-Online-Studie 1999 nutzen mehr als ein Drittel (35 %) aller deutschen Online-User den Bereich des Online-Shopping (ebd. 1999, S. 404). Die Tendenz ist steigend, wie folgende Abbildung der Umsatzzahlen[14] verdeutlicht:

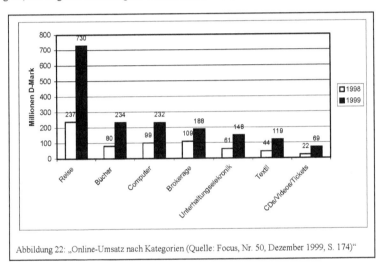

Abbildung 22: „Online-Umsatz nach Kategorien (Quelle: Focus, Nr. 50, Dezember 1999, S. 174)"

Das Internet wird zunehmend unmittelbar und direkt in konkrete Alltagsabläufe miteinbezogen. Abwicklungen von Einkäufen und Bestellungen sind bequem und schnell über das Netz abzuwickeln. Jahr für Jahr maximieren die starken Internet-Branchen, zu denen der CD/Video/Ticket-, Reise- und Büchermarkt gehören, ihren Zuwachs um 100 % bis 200 % (vgl. Abb. 23):

---

[14] Die Zahlen für das Jahr 1999 stellen eine Prognose dar. Neuere Daten waren zum Zeitpunkt der Erstellung dieser Arbeit noch nicht verfügbar.

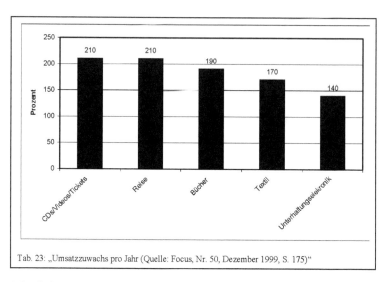

Tab. 23: „Umsatzzuwachs pro Jahr (Quelle: Focus, Nr. 50, Dezember 1999, S. 175)"

Anhand einer Buch-Bestellung über http://www.amazon.de sollen nun Einfachheit und Interaktivität dieser Nutzungsform demonstriert werden.

Zunächst kann der User auf der Eingangsseite auswählen, ob er Bücher oder CDs bestellen möchte oder er entscheidet sich dafür, in der integrierten Suchfunktion den Titel des Buches oder der CD einzugeben (siehe Abb. 24). Ist der gewünschte Artikel gefunden, werden auf einer Seite das Cover, der Preis, die bibliografischen Daten, etc. angegeben. Über den Button „Jetzt kaufen" gelangt man zu einer „Einkaufsliste", die sämtliche vom Nutzer ausgewählten Artikel enthält – ähnlich dem Inhalt eines Einkaufswagens (siehe Abb. 25). Gleichzeitig werden weiter unten weitere Bücher angeboten, die Personen, die ebenfalls dieses Buch gewählt haben, kauften. Dem liegt die Überlegung zugrunde, daß *amazon* davon ausgeht, daß Menschen, die sich für diesen speziellen Artikel interessieren auch ähnliche Bücher präferieren – ergo, sie bieten jene ebenfalls an. Durch eine intentionale Auswahl des Buches durch den Kunden, nimmt dieser somit Einfluß auf das Erscheinungsbild der Webpage (vgl. Abb. 26).

Abb. 24: „Die Startseite *von amazon.de* (Download 09.02.2000)"

Abb. 25: „Eine Buchauswahl bei *amazon.de* (Download 09.02.2000)"

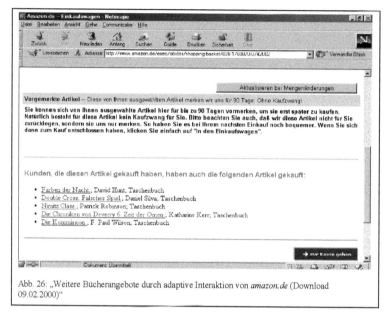

Abb. 26: „Weitere Bücherangebote durch adaptive Interaktion von *amazon.de* (Download 09.02.2000)"

Obwohl dieser Vorgang (teilweise) maschinell gesteuert ist, möchte ich von einer *aktiven* Interaktion (3. Ebene) sprechen, da Buchverlag und Kunde individuell in austauschbarer Sender und Empfängerrolle miteinander agieren: Sie versenden Botschaften, in denen persönliche Elemente wie a) der Artikel, b) der Kundenname, c) die Adresse und d) die Kontonummern ausgetauscht werden. Der Anbieter muß sich mit der Bestellung aktiv auseinandersetzen, um den bzw. die Artikel erfolgreich zu versenden. Bereits bestehende Daten werden nicht einfach nur abgerufen – wie z.B. in einer Datenbank aufgrund einer gezielten Informationssuche, wobei der Autor der Datenbank in der Regel nichts von dem speziellen User und seinen Wünschen erfährt – sondern zum Teil jeweils neu generiert.

4.7 Online-Banking

Obwohl in den Medien immer wieder die Unsicherheit des Online-Banking beschrieben wird, erklären 41 % der Befragten in der ARD/ZDF-Online-Studie 1999, diesen Dienst bereits zu nutzen (ebd. 1999, S. 404). Abbildung 27 zeigt den rasanten Anstieg von existierenden Online-Konten in Deutschland in den Jahren 1995 (insgesamt 1390 Konten) bis 1998 (insgesamt 6960 Konten) (siehe Focus 1999, S. 147).

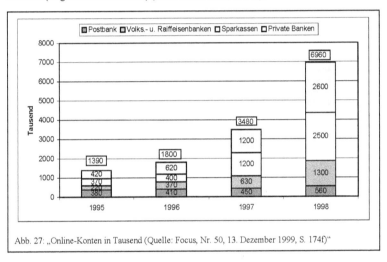

Abb. 27: „Online-Konten in Tausend (Quelle: Focus, Nr. 50, 13. Dezember 1999, S. 174f)"

Beim Online-Banking (auch Homebanking) genannt, können die Bankkunden von Zuhause aus mittels eines Rechners, der nötigen Zugangssoftware, die von den Geldinstituten gestellt wird, und einem Internetanschluß einen Teil ihrer Bankgeschäfte erledigen. Dazu zählen z.b. der Abruf des Kontostandes, Überweisungen erledigen. Der User tritt mit seinem Geldinstitut in Kontakt, indem er z.B. einen Dauerauftrag in ein Formular eingibt und diesen von dem Empfänger (hier der Bank) bearbeiten läßt. Diese führt die Überweisung aus, welches der Kunde beim nächsten Blick auf seinen Kontostand kontrollieren kann. Sender und Receiverrolle werden wiederholt getauscht, individuelle Anfragen und Handlungen (Überweisungen, Rückbuchungen, Ordern von Aktien, etc.) auch individuell bearbeitet. Des weiteren stehen die Kundenberater via Email oder Formular für Rückfragen zur Verfügung.

Diese Form, Geldgeschäfte zu tätigen, scheint aufgrund ihres simplen Zugangs, ihrer Schnelligkeit und der Bequemlichkeit die sie für die Nutzer bieten, eine zukunftsträchtige Art der Internetnutzung zu sein.

4.8 Fernprüfungen via Webcam und Audiokanal

Mithilfe neuester Technik können Videoübertragungen für die mündlichen Prüfungen der Fernuniversitäten genutzt werden. Die Fernuniversität Hagen arbeitet besonders in den Fachbereichen Erziehungs-, Sozial- und Geisteswissenschaften mit dieser innovativen Methode (vgl. ZFE 1997, S. 1). Ein Vorteil liegt in der Ortsunabhängigkeit, d.h. dem Prüfling werden die u.U. weiten Anfahrtswege zur Universität Hagen erspart.

Auf dem DGfE-Kongress „Erziehungswissenschaft in Studium und Beruf. Professionspolitische Konferenz der DGfE", die vom 10. – 12. Februar 1999 in den Räumen der Universität Dortmund stattfand, beschrieb Prof. Dr. Horst Dichanz von der FU Hagen in seinem Vortrag „Was heißt ‚virtuelles' Lehren und Lernen?" den Ablauf einer Videoprüfung, von der er zu diesem Zeitpunkt vor kurzem seine 100. abgenommen hatte (siehe Abbildung 28):

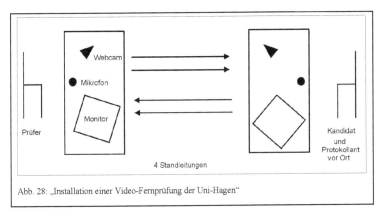

Abb. 28: „Installation einer Video-Fernprüfung der Uni-Hagen"

Dieses Setting offeriert eine Interaktion, die einem face-to-face Gespräch sehr nahekommt, obwohl die Kommunikationspartner sich in verschiedenen Orten befinden. Der Prüfer befindet sich in der Regel in der Universität Hagen und der Kandidat in einem der Studienzentren der Universität, die in verschiedenen Orten, die über die Bundesrepublik verteilt sind, eingerichtet wurden. Prüfer und Kandidat sind über vier Standleitungen miteinander verbunden, die ständig Video- und Audiosignale der beiden Seiten übertragen und den wechselseitigen Informationsfluß gewährleisten (vgl. Kapitel 3.2). Auf dem Monitor ist das Bild des jeweils anderen zu sehen, welches vor Ort durch eine Webcam aufgenommen wird. Mikrofone sorgen für die Aufnahme der Stimmen. Die (Re-) Aktionen auf den Partner können unmittelbar erfolgen und auf diesen abgestimmt werden. In einer Prüfungssituation sind dies im allgemeinen Prüfungsfragen und –antworten sowie Nachfragen, Verständnisfragen, Beobachten und reagieren auf Mimik und Gestik des anderen, etc. Sender und Empfängerrolle werden im Verlauf der Interaktionssituation häufig gewechselt. Die Fernprüfungssituation ist ein soziologisch orientierter interaktiver Prozeß, indem Prüfer und Prüfling Vorwissen in Bezug auf den Inhalt des Gesprächs (Prüfungsthemen), den Kontext (Prüfungssituation und anschließende Benotung), in dem dieser abläuft und den Kommunikationspartner (Prüfung abnehmender Prüfer und zu beurteilender Kandidat) besitzen (vgl. Kapitel 3.4). Beruhigende Worte, aufmunternde Gesten und Mimik können wie in einer „face-to-face-Prüfung" gestaltend eingesetzt werden. Die Interaktionssituation wird nur durch die Prüfungsthemen strukturiert und läßt dem Kommunikationspartnern ansonsten freien Spielraum, was z.B. die Formulierung und Abfolge der Fragen sowie Tiefe und Anzahl der Nachfragen angeht (vgl. Kap. 3.4, S. 29).

4.9 Telelearning

Unter Telelearning versteht man das medial vermittelte Lehren und Lernen. Kursange-
bote auf Ton- und Videokassetten sowie über BTX (Bildschirmtext) werden von Anbie-
tern wie der Fernuniversität-Hagen schon seit Jahren erfolgreich eingesetzt (vgl. ZFE
1996, S. 3). Das Internet bietet eine Plattform, die selbständiges Lernen rund um die Uhr
von jedem internetfähigem Rechner ermöglicht. Die Teilnehmer müssen sich nicht mehr
an bestimmte Vorlesungszeiten halten und können ihr Tagespensum selber bestimmen.
Text-, Ton- und Bilddateien sind ständig von mehreren Personen abrufbar, somit muß
das Material nicht extra in einer Bibliothek besorgt werden. Zudem entfallen Wartezei-
ten, die im „normalen" Universitätsbetrieb an der Tagesordnung sind, falls das Buch, etc.
noch ausgeliehen sein sollte. Exemplarisch wird in dieser Arbeit das Seminar „Konzepte
der Erziehungswissenschaft", welches im Wintersemester 1996/97 an der Technischen-
Universität Chemnitz unter der Leitung von Bernhard Koring durchgeführt und evaluiert
wurde, vorgestellt (vgl. Koring 1999, S. 35ff).

Das Erziehungswissenschaftliche Studium soll die Fähigkeit vermitteln, auf der Basis
von wissenschaftlichen Erkenntnissen, anderen Menschen bei ihren Problemen[15] zu helfen. In der Praxis sind später sehr oft individuelle Fälle zu behandeln, bei denen nicht auf
vorgefertigte Handlungsmuster, die im Studium gelehrt wurden, zurückgegriffen werden
kann. Studierende sollten also befähigt werden, selbst nach Lösungen zu suchen und eine
eigenständige Problembearbeitung durchzuführen. Mit Hilfe eines virtuellen Seminars
besteht die Möglichkeit, Studenten zur Selbständigkeit im Lernprozeß systematisch hin-
zuführen. Die Kurseinheiten können schnell, an jedem Ort zu jeder Zeit abgerufen und
effektiv bearbeitet werden. Der Wissenserwerb findet auf diese Weise durch intensive
Eigentätigkeit, d.h. durch kreatives Lernen und Arbeiten statt.

---

[15] Z.B. Lernprobleme, Orientierungsprobleme

Welche Inhalte eigenen sich zur internetbasierten Vermittlung (vgl. Koring 1999, S. 36f)?:

a) Inhalte, die vorwiegend schematisch-reproduzierenden Charakter besitzen: Bestimmte Gedankengänge werden erläutert, Abläufe erklärt. Diese können vom Lerner eigenständig wiederholt, geübt und dauerhaft erinnert werden. Hierfür ist eine didaktische Aufbereitung des Inhalts unerläßlich.

b) Übungsaufgaben können im Netz beliebig oft wiederholt werden. Sie besitzen im didaktischen Kontext eine motivierende und korrigierende Wirkung, wenn der User bei mehrmaligem Durchlaufen für sich Erfolge feststellen kann.

c) Inhalte, die eine kreative und kommunikative Anwendung erfordern: In der Wissenschaft werden Lösungen oft nicht nur nach strukturierten Regeln gefunden, sondern auch durch (teilweise) chaotische, kommunikative Prozesse – wie z.B. in Teamsitzungen, in denen durch Brainstorming und andere methodische Zugänge Ideen entwickelt werden. Dieser Prozeß soll für die Studenten im Internet durch das Lösen von relativ offenen Aufgaben und Problemen angeregt werden. In der Praxis kann hierzu ein Quellentext gelesen werden, der mit einigen Sekundärtexten durch Links verknüpft ist. Als Arbeitsaufgabe könnte dann der Vergleich der Gedanken des Quelltextes mit denen der Sekundärtexte und deren Interpretation anstehen. Weitere Informationen werden über vertiefende Texte, Bilder, Animationen und weiterführende Links offeriert (vgl. ebd. 1999, S. 37).

In einem virtuellen Seminar sind Interaktivität und Kommunikation zwei zentrale Aspekte. Da eine 24-stündige, unmittelbare Betreuung durch den Seminarleiter nicht gewährleistet werden kann und soll, müssen die Webseiten auf typische Fehler, Fragen und Probleme eingehen können, indem sie konkrete Hinweise anbieten. Diese können z.B. durch verlinkte Informationsseiten bereitgestellt werden, die FAQs (Frequently Asked Questions) behandeln oder zu vertiefender Literatur weiterleiten. Die primär rezeptive Ebene der Interaktivität wäre auf diese Weise erreicht. Der Kursautor stellt Informationen bereit, die durch die Studenten aufrufbar sind. Diese Inhalte werden von ihnen nicht verändert und sind nicht speziell für den Einzelnen programmiert worden. Der Sender kann nur auf bereits durchdachte Probleme eingehen, d.h. keine individuelle Betreuung leisten. Ein komplexer Lernprozeß erfordert jedoch zeitweise diese intensive Form des Kontaktes zwischen Seminarleiter und Student. Ein virtuelles Seminar sollte deshalb ebenfalls eine Interaktionsplattform bereitstellen, auf der unvorhergesehene Fragen und Schwierigkeiten behandelt werden können. In Chemnitz interagierten Studierende und Lehrende via Email (vgl. Kapitel 4.5), Newsgroup (vgl. Kapitel 4.10) und einmal pro Woche in einem zweistündigen Chat (vgl. Kapitel 4.11) miteinander: tauschten Gedanken, Fragen und Antworten aus. Diese Formen der Internetnutzung sind der aktiven Interaktivitätsebene zuzuordnen. Zudem waren Präsenzphasen eingeplant, an denen sich Leiter und Teilnehmer in den Räumen der Universität getroffen haben.

Ein virtuelles Seminar setzt einiges an medienkompetentem Umgang seiner Teilnehmer voraus, die in Kapitel 5.2 eingehender behandelt werden.

Telelearning stellt neue Anforderungen an die Erziehungswissenschaften. Lernumgebungen, die eigenverantwortliches, selbstreguliertes Lernen ermöglichen und fördern müssen bereitgestellt werden, da die Lehrenden nicht mehr zu derselben Zeit an demselben Ort wie die Lerner sind. Der Lehrer tritt immer mehr in die Rolle eines Beraters oder Unterstützers, der Lernkonzepte erstellt, didaktisch aufbereitetes Material bereitstellt und seine Planung mit den Lernern abstimmt:

„Der Lehrer wird nicht mehr nur Wissensvermittler sein, sondern immer mehr auch Moderator von selbständigen und gruppenorientierten Lernprozessen werden" (Roman Herzog zit. nach Rüdiger 1999, S. 34).

In einer Fernuniversität schreibt der Dozent Scripte, die Lerninhalte, Arbeitsanweisungen, etc. enthalten. Er konzipiert Webseiten, auf denen die Inhalte zu jeder Zeit abrufbar sind und aktuelle Arbeiten der Kommilitonen ergänzt werden. Newsgroups werden durch seine Fragen oder Aufgaben eingeleitet und die Diskussion unter den Studierenden angeregt. Letztere eignen sich den Lernstoff aktiv an, d.h. sie strukturieren ihn, integrieren ihn in ihre eigene Wissensstruktur und schaffen auf diese Weise ihre eigene (Vorstellungs-)

Welt[16]. Fragen, Beiträge und Lösungen ihrer Mitstudenten können zum Verstehenspro-
zeß beitragen. Als „Neulinge" auf dem jeweiligen Wissensgebiet haben sie eine andere
Sichtweise als z.b. der Dozent, für den manche Fakten schon so in sein Wissen überge-
gangen sind, daß er sie nicht mehr detailliert erklärt, obwohl sie relevant sind. Wurde
z.b. in einem virtuellen Seminar der Aufbau des Internets nicht erklärt, so kann Student
X die Frage „Wie ist das Netz eigentlich aufgebaut?" in das Newsgroup-Forum des Seminars stellen und erhält möglicherweise eine Zeichnung von Student Y, die es ihm verdeutlicht.

Des weiteren bietet das Lernen über das Netz Vorteile, die seine hypermediale Struktur
mit sich bringt. Über das Internet besteht die Möglichkeit verschiedene Sinneskanäle
anzusprechen. Man bezeichnet dies mit *Multimodalität*, d.h. man benutzt sowohl den
auditiven (Ton, Musik) als auch den visuellen (Grafik, Text) Kanal, um miteinander zu
kommunizieren. Eng damit verbunden ist der Begriff der *Multicodalität*, in dem unterschiedliche Codierungen zusammengefaßt sind:

- Verbale Codierung (Sprache, Text)
- Piktoriale Codierung (Grafik, Animation)
- Auditive Codierung (Töne, Geräusche)

Multicodalität/-modalität bietet Abwechslung in der Darstellung eines Themas und wirkt
somit motivierend auf den Lerner. Wenn im Unterricht z.B. die „Taube" Unterrichtsge-
genstand ist, könnte über das Internet ein Bild des Vogels gefunden werden, zu dem ein
Sprecher einen Text vorliest und das „Gurren" könnte als Sounddatei angehört werden.
Bei didaktisch aufbereitetem Material wäre es ideal, alle diese Möglichkeiten über eine
einzige Internetadresse abrufen zu können. Denkbar wäre jedoch auch eine erfolgreiche
Suche, bei der der Lerner Grafik, Sound und Text auf verschiedenen Seiten findet. Die

---

[16] Diese Sichtweise folgt den Annahmen des Konstruktivismus, der auf die Arbeiten von Maturana und
Varela (vgl. Baumgartner/Payr 1994, S. 107) zurückgeht. Der Lerner wird als ein sich den Lernstoff aktiv
aneignendes Subjekt verstanden. Im Gegensatz zum Kognitivismus geht es nicht nur um die Lösung eines
Problems, sondern um das selbständige generieren von Problemen. Der Lerner sollte also ein Problem
erkennen und sich mit ihm identifizieren, bevor er es löst.

unterschiedlichen Codierungen führen laut Paivio (1971) zu einer Doppelcodierung im Gedächtnis, wobei z.b. das Bild der Taube mit dem ihrer Stimme verbunden wird (siehe Kassanke 1997, S. 6). Dieser Vorgang verbessert Speicherung und Abruf der aufgenommenen Informationen. Paivio spricht in diesem Zusammenhang auch von „Kognitiver Plausibilität" (vgl. ebenfalls Tergan 1997, S. 130) der Hypertextstruktur, da sie den Speicherungsprozessen im Gehirn des Menschen ähnelt. Die Knoten werden analog zu den Nervenzellen gesehen und die Links als Nervenstränge (Axone), die sie untereinander verbinden:

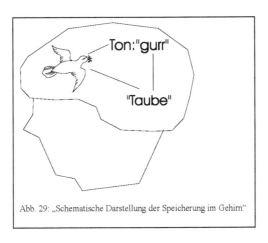

Abb. 29: „Schematische Darstellung der Speicherung im Gehirn"

Multicodalität/-modalität unterstützt zudem individuelleres Lernen, indem „Verbalisierer" und „Visualisierer"[17] (Wippich 1989, S. 162ff) angesprochen werden können, da sie nach ihren Präferenzen durch das Netz navigieren und somit entweder Bilder oder Texte zur Erklärung hinzuziehen können. Grafiken bieten außerdem noch einen weiteren Vorteil: Sie können leichter behalten werden als z.B. Wörter. Paivio zeigte in einer Studie, daß beiläufig gelernte Bilder nach einer Woche besser erinnert wurden als absichtlich eingeprägte Wörter. Kulhavy (nach Weidenmann 1997, S. 71) erklärt das Ergebnis mit

einer simultanen Speicherung aller Bildelemente, die nicht wie einzelne Wörter sequenti-
ell im Gehirn abgelegt werden und untereinander verbunden werden müssen. Vielmehr
entstehen sofort Verbindungen zwischen den Elementen. Außerdem lassen sich durch
Animationen komplexe dynamische Sachverhalte veranschaulichen, die verbal schwerer
erklärbar und vorstellbar wären[18].

Ein weiterer Vorteil des hypermedialen Internets besteht in der Möglichkeit, multiple
Perspektiven und Kontexte in die Webseiten einzufügen. Mit Hilfe von Multicodalität/-
modalität lassen sich z.b. Videosequenzen über den Nestbau von Tauben zeigen, per
Animation das Schlüpfen eines Jungtieres veranschaulichen sowie verwandte Aspekte
wie das Jagdverhalten der Tiere, Stadtverschmutzung durch Tauben, etc. Um den im
Konstruktivismus geforderten Wissenstransfer anzuregen, können Parallelen zu weiteren
Vogelarten und deren Lebensweisen[19] dargestellt werden, die über Links erreichbar sind.
Weiterhin wird die Bildung mentaler Modelle[20] gefördert, indem zuerst einfache, grobe
Schemata in statischer Bildform dargeboten werden, die dann in den tieferen Ebenen der
Hypertextstruktur, die mittels verfolgen der weiterführenden Links eröffnet wird, durch
detailliertere Animationen ergänzt werden können.

Eine weitere hervorzuhebende Eigenschaft des hypermedialen Lernens via Internet liegt
in der Nicht-Linearität der Hypertextstruktur. Der Lerner erhält die Möglichkeit, sich den
Lernstoff explorativ und eigenständig anzueignen. Aus didaktischen Gründen (z.B. Einführung in ein Thema mit leichten Beispielen, die zunehmend schwerer werden) ist ein
grob vorgegebener Navigationsweg zumeist sinnvoll, innerhalb dieser Grenzen kann der
Lerner sich jedoch frei bewegen, Texte, Bilder, Sound und Animationen beliebig oft an-
sehen bzw. anhören oder eventuell vorhandene Tests zur Lernkontrolle wiederholen.
Übersichtsschemata sollten – z.B. in der Form eines gegliederten Inhaltsverzeichnisses –
permanent auf dem Bildschirm zu finden sein, damit der User sich nicht in der Hyper-

---

[17] Verbalisierer präferieren
[18] Man denke z.B. an die Funktion des menschlichen Herzens mit Ein- und Ausfluß des Blutes.
[19] Durch die Verbindung mit anderen Vogelarten wird der situationsspezifische Lerninhalt ein Stück weit
aus dem Lernkontext gelöst und das Wissen auf weitere Lebewesen übertragen, d.h. es wird universeller.
[20] Mentale Modelle sind abstrakte Vorstellungen, mit denen wir denken, planen und handeln. Wenn wir
eine Maschine vor uns sehen, können wir Vorhersagen machen, was als nächstes in ihr passieren wird
(Man denke z.B. an einen Kopierer, der das Papier einzieht, es kopiert und wieder herauswirft).

textbasis verirrt oder nicht mehr weiß, zu welchem Unterpunkt die gerade aktuell aufgerufene Seite gehört. Conklin (1987, S. 38) bezeichnet dieses Phänomen als „lost in hy-
perspace".

Weiterhin sollte darauf geachtet werden, daß nicht zu viele Informationen simultan ver-
arbeitet werden müssen, da der Lerner überlastet werden kann. Um dem entgegenzuwirken, sollten die Sach- und Sinnzusammenhänge zwischen den einzelnen Knoten deutlich
hervorgehoben werden.

Eine durchdachte Kombination der Codierungen nach Sinneskanälen mag zudem hilfreich sein. Man kann z.B. einen Knoteninhalt erzeugen, der eine Grafik und eine Tonse-
quenz, in der ein Sprecher das Bild erläutert, enthält und nicht mit einem Textabschnitt.
Auf diese Weise muß der Lerner nicht mit den Augen zwischen Grafik und erläuterndem
Text hin- und herwechseln, sondern kann das Bild intensiv betrachten (visueller Kanal)
und dem Ton lauschen (auditiver Kanal).

Das Internet ist prädestiniert,

- wenn es um die gemeinsame Bearbeitung von Aufgabenstellungen in Lerngruppen geht, die an verschiedenen Orten leben oder arbeiten,
- um weltweite Kommunikation durch z.B. Brieffreundschaften via Email zu fördern,
- Öffentlichkeit und Transparenz in Schulen und Institutionen zu schaffen, indem
  z.B. Schulprogramme, Aufsätze, Projekterzeugnisse und Videos über Webseiten
  zugänglich gemacht werden.

Das Internet vermag nicht, Primärerfahrungen zu ersetzen – und dies kann und soll auch
nicht seine Aufgabe sein. Es stellt nur eine Chance zur Ergänzung der herkömmlichen
Unterrichtsformen dar und führt nicht von selbst, d.h. durch seine einfache Existenz, zu
leichterem Lernen. Im Gegenteil: Die Inhalte des Internet sind zumeist nicht didaktisch
aufbereitet und bedürfen einer Strukturierung und Organisation des Lerners bzw. *Users*.

Aufgabe der Lehrenden sollte an dieser Stelle sein, den Lernern Anleitung und Lösungs-strategien zu geben. Für die Recherche im Netz zu einem Thema könnten z.B. geeignete Suchmaschinen oder bekannte Webseiten genannt werden.

„Nicht mehr die Inhalte werden entscheidend sein, sondern das Lernen zu Lernen steht im Vordergrund" (Aufenanger 2000, S. 5).

4.10 Newsgroups – Recherche und Diskussion

Newsgroups sind Foren im Netz, in denen man sich mit anderen Menschen über spezielle Themen austauschen kann. Sie können auf zwei Weisen von den Usern des Netzes genutzt werden: Zum einen, um sich einfach über Themen zu informieren und zum anderen, um sich aktiv an der Diskussion zu beteiligen. Erstere Form wird offenbar zur Zeit noch häufiger genutzt. Sie erfordert weniger Einsatz von Seiten des Nutzers sowie geringere Kompetenz im Umgang mit dem Internet, da die gewünschten Pages nur aufgerufen werden müssen und nicht selbst etwas in das Internet hineingegeben wird. Dies ist eine Form des gezielten Informationsabrufes (mittlere Ebene der Interaktivität), wie sie unter Punkt 4.2 dieses Kapitels erläutert wurde. In der Erhebung von Treumann et al. (1999, S. 164 und 167) gaben 13,8 % der internetnutzenden Schüler an, Recherchen in Newsgroups in der Schule durchzuführen; Zuhause waren es mit 16,2 % etwas mehr[21]. Der eigentliche Sinn einer Newsgroup besteht jedoch in der gegenseitigen Information der einzelnen Interessenten untereinander, welches jedoch in der Schule nur von 6,5 % der Befragten durchgeführt wurde; Zuhause waren es immerhin 13 % der Jugendlichen, die diese Form der Kommunikation nutzten. Fragen, Antworten und Anmerkungen werden ins Forum hineingegeben und von unterschiedlichen Teilnehmern auf verschiedene Arten diskutiert. Jedem Newsgroup-User wird somit die Rolle des Senders und Empfängers offeriert. Er besitzt die Möglichkeit, durch eigene Beiträge Einfluß auf die Diskussionen, etc. zu nehmen.

---

[21] Die Ergebnisse der ARD/ZDF-Online-Studie konnten leider nicht miteinbezogen werden, da diese die Trennung zwischen der einfachen Recherche und der aktiven Beteiligung an Newsgroups nicht berücksichtigt. Zudem wurden sowohl Gesprächsforen als auch Chats unter demselben Item wie Newsgroups abgefragt (Sie erhielten dabei eine Angabe von 47 % der Online-Nutzer die diese Formen verwenden (vgl. ebd. 1999, S. 404)). Verständlich erscheint dies noch bei den Gesprächsforen, da sie ähnlich einer Newsgroup aufgebaut sind (z.B. ein sogenanntes „Schwarzes Brett"). Chats jedoch ermöglichen z.B. eine synchrone Kommunikation. In ihnen können wesentlich engere und emotionale Beziehungen aufgebaut werden; sind aber auch anonymer, da Email-Adressen nicht abgefragt oder veröffentlicht werden.

Auf den folgenden Abbildungen ist ein Teil der Interaktion zwischen zwei Teilnehmern einer Newsgroup zum Thema „Pädagogik"[22] zu sehen, wie er im Netscape-Browser der Version 4.5 dargestellt wird:

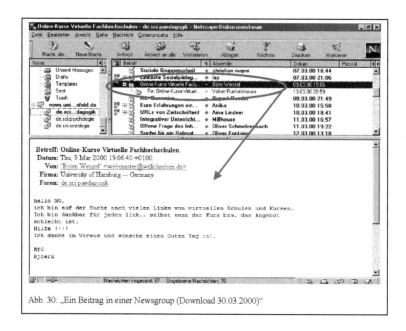

Abb. 30: „Ein Beitrag in einer Newsgroup (Download 30.03.2000)"

In dem rechten oberen Fenster befindet sich die Liste der Beiträge, in der rechts das Datum der Eingabe in die Newsgroup angegeben ist und links die „Überschrift" des Beitrags bzw. ein kleiner Hinweis auf den Inhalt. Hier wurde die Nachricht mit dem Titel „Online-Kurse Virtuelle Fachhochschulen" angewählt, die dann blau unterlegt wird. Der Inhalt des Beitrags wird im unteren Fenster angezeigt. Der Absender bittet um Links zu virtuellen Seminaren. Klickt man nun auf den nächsten Beitrag, der im oberen rechten Fenster etwas eingerückt ist ergibt sich folgendes Bild:

---

[22] Zu erreichen unter de.sci.paedagogik

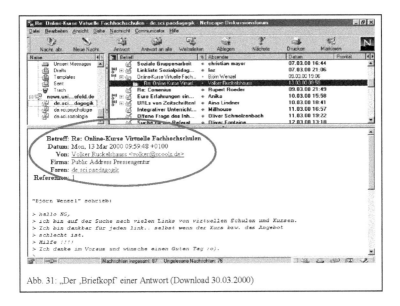

Abb. 31: „Der ‚Briefkopf' einer Antwort (Download 30.03.2000)

In den obersten Zeilen (in Abbildung 31 rot eingekreist) finden sich Informationen zu dem Autoren (in der Regel Name und Email-Adresse), dem Thema des Beitrags (unter „Betreff"), wann die Message in dem Forum aufgenommen wurde (unter „Datum") und zu guter Letzt welcher Newsgroup sie angehört (hier: de.sci.paedagogik). Scrollt man mit dem Balken an der rechten Seite des unteren Fensters nach unten, so kann man die Antwort lesen (siehe Abb. 32):

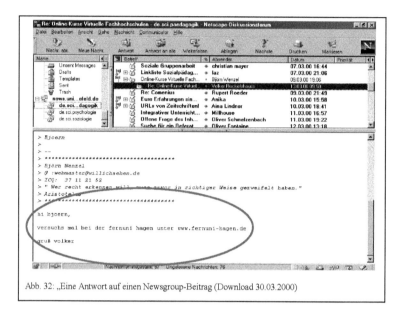

Abb. 32: „Eine Antwort auf einen Newsgroup-Beitrag (Download 30.03.2000)

Möchte man selbst Bezug zu einer Message nehmen, so klickt man einfach auf die „Reply"-Funktion des Browsers, während diese geöffnet ist.

Die Interaktionen verlaufen also auf einer persönlichen Ebene. Die Partner sind nicht nur Kommunikations- sondern auch Interaktionspartner, indem sie einen Rollentausch vollziehen, sich in den anderen hineinversetzen, seine Probleme, Anregungen, etc. aufnehmen, sie reflektieren und ihre Reaktion in Form einer weiteren Newsgroup-Message aktiv ins Netz hineingeben. Diese erfolgt jedoch noch immer asynchron und unter Umständen erhält der Sender überhaupt keine Reaktion auf seine Botschaft. Anders bei den Internet-Nutzungsformen des Chats, Talks oder IRCs wie folgendes Subkapitel zeigen wird:

4.11 Chat / IRC

Chat und IRC (Internet-Relay-Chat) sind ähnliche Formen der Internetnutzung. Mit ihrer Hilfe läßt sich jedoch ein synchroner, in der Regel textbasierter Kontakt zu anderen Personen herstellen. In den Anfängen des Netzes existierten zunächst die verschiedenen Channel des IRC, die über eine spezielle Software – den IRC-Client – angewählt werden können. Als User besitzt man die Möglichkeit, sich in einen bereits bestehenden Kanal einzuwählen oder selber einen zu eröffnen. Übliche Bezeichnungen sind z.b. #hamburg oder #flirt, wobei jedem Namen eine Raute vorangehen muß, um diesen als Kanal zu kennzeichnen (vgl. Husmann 1998, S. 17). Die im Internet gängige Form heutzutage ist jedoch der Chat. Chatten entstammt dem Englischen und bedeutet soviel wie „belangloses Plaudern". Im Unterschied zum IRC können eigene Chatrooms[23] nicht so einfach eröffnet werden. Man benötigt eine eigene Webpage im Internet sowie spezielle Software oder Programmierkenntnisse, um die Plattform eines Chats zu erschaffen. Diese Plattform ist der Hauptunterschied zum IRC, der zumeist ausschließlich textbasiert auf einfarbigem Monitor, in einem eigens dafür vorgesehen Fenster abläuft. Chatrooms sind in eine Webpage implementiert und werden über die jeweilige *URL* der Seite aufgerufen. Das Universitätsmagazin Unicum bietet unter www.unicum.de/frames/chat.htm gleich mehrere unterschiedliche Chatrooms an, die über die Links „Space Chat" und „Damned New Chat" erreicht werden können (siehe Abb. 33). Trifft man die Entscheidung für den „Space- Chat" so ergibt sich ein Bild wie in Abbildung 34 dargestellt auf dem Monitor.

---

[23] Ein Chatroom entspricht einem IRC-Channel, der unter einem ganz bestimmten Namen im Netz angewählt werden kann.

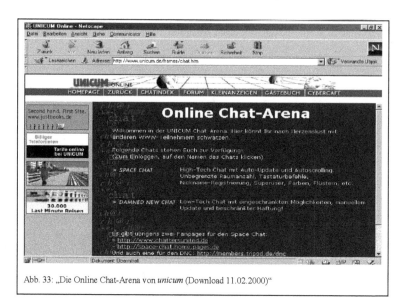

Abb. 33: „Die Online Chat-Arena von *unicum* (Download 11.02.2000)"

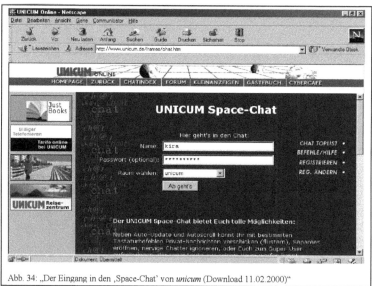

Abb. 34: „Der Eingang in den ‚Space-Chat' von *unicum* (Download 11.02.2000)"

Der Online-User wird dazu aufgefordert seinen Namen bzw. Nickname sowie eine frei von ihm gewähltes Paßwort, welches gegen etwaige *Fakes* schützen soll, einzugeben. Fakes sind Personen, die sich für eine andere Person ausgeben. Dies kann recht unangenehm sein, wenn sich jemand für einen Stamm-Chatter, der den anderen bekannt ist, ausgibt und im Chat für Ärger sorgt, indem er z.B. andere beleidigt oder pornografische Bilder in den Chat einspeist. Zu guter Letzt wählt man den gewünschten Chatroom (hier: unicum) und gelangt über den Button „Ab geht's" in den Raum (siehe Abb. 35):

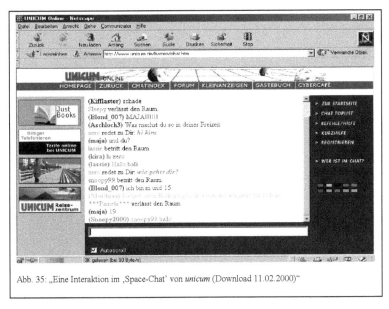

Abb. 35: „Eine Interaktion im ‚Space-Chat' von *unicum* (Download 11.02.2000)"

Zur Zeit des Downloads des Bildes vom Chat herrschte grade eine hohe Fluktuation, so daß kein intensiverer Dialog beobachtet werden konnte. Der Neuankömmling kira wird jedoch von mehreren begrüßt (z.B. „   redet zu Dir: *hi kira*) und antwortet (hier: „hi zero"). Blond_007 und maja scheinen sich gegenseitig über ihre wahre Identität zu befragen wie man an Sätzen wie „ich bin m und 15"[24] erkennen kann. Transmitter und Receiverrolle werden also wechselseitig von den beiden grade miteinander interagierenden Partnern getauscht. Sie bekunden ein wechselseitiges Interesse aneinander und wollen sich gegenseitig kennenlernen, mehr über einander erfahren[25]. Wieviel jeder von sich selbst preisgibt, ist der jeweiligen Person selbst überlassen. In der Regel wird z.b. die eigene Adresse nicht in Chats mitgeteilt, da zu viele andere Personen daran teilhaben und evtl. diese Information mißbrauchen könnten.

Der Unicum-Chat bietet weitere interaktive Elemente wie z.b. die Änderung der Farben des Namens sowie der gesprochenen Worte an. Die Teilnehmer können dadurch Veränderungen am Chat in visueller Form vornehmen und einen kleinen individuellen Aspekt ihres Selbst (z.B. die Lieblingsfarbe) einbringen. Weitaus größeren Wert besitzt der Chat an sich, da er es ermöglicht, durch eigene Beiträge Einfluß auf die Gespräche bzw. Gesprächsinhalte im Netz zu nehmen. Es können private Diskussionen mit einer einzigen Person (über die Funktion „flüstern") durchgeführt werden oder mit mehreren Chattern. Eine Besonderheit gegenüber dem RL (man denke z.B. an ein Gespräch auf einer Party) besteht darin, daß unterschiedliche Gespräche und Tätigkeiten parallel ablaufen können. Chatter X kann sich gleichzeitig mit Chatter A, B und C in drei verschiedenen Räumen über drei ganz unterschiedliche Themen unterhalten und nebenbei sogar noch eine Hausarbeit verfassen kann. Auch kurze Abwesenheit, um z.B. einen Kaffee zu machen, wird geduldet.

„Diese Art des Pendelns zwischen [...] [den Chats][26] und RL wird durch jene umrahmten Fenster ermöglicht, die gewöhnlich „Windows" (Bildschirmfenster) genannt werden. Dank dieser Windows kann Ihr Computer Sie in mehreren Kontexten gleichzeitig plazieren. Als User wenden Sie Ihre Aufmerksamkeit zu einem gegebenen Zeitpunkt zwar immer nur einem der Fenster auf ihrem Bildschirm zu,

---

[24] Hier steht „m" für männlich und „15" für 15 Jahre alt. Abkürzungen werden im Chat aufgrund der Zeitersparnis beim Tippen oft benutzt (s.u.).
[25] Die Anforderungen der dritten, aktiven Interaktivitätsebene sind somit erfüllt (vgl. ebenfalls Abb. X in Kapitel 3.4, S. 27)
[26] Ergänzung durch die Autorin

aber in gewissem Sinne sind Sie fortwährend in allen präsent" (Turkle 1999, S.
15)

„[...] Während ich in einem Fenster in eine Art Streitgespräch verwickelt bin,
versuche ich mich im MUD eines anderen Fensters an ein Mädchen ranzuma-
chen, während vielleicht in wieder einem anderen Fenster ein Tabellenkalkulati-
onsprogramm oder irgendeine andere technische Sache abläuft ... [...] (Turkle
1999, S. 16).

Dies bietet eine gewisse Freiheit für den User. Er ist zugleich zuhause, kann seinen Arbeiten nachgehen und Kontakt zur Außenwelt haben (vgl. Husmann 1998, S. 25f). Dabei
geht keine übersandte Nachricht verloren, da alles auf dem Monitor nachgelesen werden
kann. Der Chat verliert auf diese Weise ein wenig seiner Synchronität – jedoch zugunsten der individuellen Wünsche des Einzelnen.

67,1 % der internetnutzenden Schüler in der Befragung von Treumann et al. (1999, S.
167) gaben an, privat zu chatten. Die ARD/ZDF-Online-Studie 1999 (S. 404) spricht
von 47 % der Online-Nutzer, die sich in Gesprächsforen, Newsgroups und Chats einklin-
ken. Stellt sich die Frage: Welche Funktion hat das Chatten für das jeweilige Individuum? Warum nutzen die Menschen diese Interaktionsform?

Mehrere Untersuchungen verdeutlichen, daß Anonymität bzw. Körperlosigkeit, Unver-
bindlichkeit sowie das Kennenlernen von neuen Menschen und Selbsterkenntnis wichtige
Gründe für das Chatten sind. Man kann „fremde Menschen, Kulturen" (Husmann 1998,
S. 52) kennenlernen ohne das gewohnte Umfeld verlassen zu müssen. Es ist möglich,
Personen zu finden, die denselben exotischen Hobbies frönen, wie man selbst. Anonymität fördert Kontakte zwischen Onlinern, die sich im RL niemals kennengelernt hätten,
da sie z.B. aufgrund von unansprechendem Aussehen nicht aufeinander aufmerksam geworden wären[27].

---

[27] Z.B. „zu lange Haare", „zu dünn", „zu stark geschminkt"

„I like the freedom of anonymity: no one has to know what I look like or how I speak to get to know me; I am judged solely on how I write. And to me that feels good" (aus: Bahl 1997, S. 84).

"But if you say something really nice but I really don't like the way you look and ... the way you eat is like a pig, you know, all that, [lacht] [...]" (aus Bahl 1997, S. 72).

Das Sicherheitsgefühl des Einzelnen wird gestärkt, Machthierarchien, verursacht durch körperliche Konstitution, spielen keine Rolle. Dies führt zu verstärkter Offenheit, so daß gerade in Chatrooms tabuisierte oder ganz intime Themen verbalisiert werden. Chatter bevorzugen in letzterem Fall dann doch eher einen abgelegenen Raum (oder die oben erwähnte „flüstern-Funktion" oder beides), in dem sie zu zweit ungestört miteinander reden können. Natürlich kann die Anonymität auch für Feindseligkeiten, die den Frieden der Chatroom-Interaktion stören, genutzt werden. Beleidigungen (in der Chat-Sprache „*flames*" genannt) oder Obszönitäten werden nicht geduldet (es sei denn der Chat gehört zu einer Sex- oder Flirtline o.ä., in der eine solche Sprache erwünscht ist). User, die sich einmal unter einem Nickname unbeliebt gemacht haben, können einen anderen Namen wählen und auf diese Weise ganz einfach neu im Chat anfangen.

Die virtuelle Realität ermöglicht es, neue Aspekte seines (postmodernen)[28] Selbst kennenzulernen und auszuleben oder sich eine völlig neue Identität zu geben. Der Psychologe Erik Erikson spricht davon, daß Menschen mit ihrer Identität spielen. Die RL bietet uns eine „Unwirklichkeit[29], in der wir uns preisgeben und enthüllen können" (zit. nach Turkle 1999, S. 297):

---

[28] Vgl. Kapitel 2.2.4 dieser Arbeit
[29] Erikson spricht hier von „Unwirklichkeit". Ich möchte jedoch von der „virtuellen Realität" (VR) sprechen, da sie meiner Meinung nach besser auf das Internet paßt. Menschen berichten von Erlebnissen im Netz, die für sie genauso real sind, wie das RL. Die virtuellen Welten, die über die verschiedenen Fenster auf dem Monitor zugänglich sind, gehören genauso zu ihrem Leben dazu (vgl. Turkle 1999, S. 15f).

„Ich spalte mich auf. Das gelingt mir immer besser. Ich kann mich selbst als zwei, drei oder mehr Jemande betrachten. Beim Wechsel von einem Fenster [oder Nickname]³⁰ zum anderen aktiviere ich jeweils einen anderen Teil meiner Persönlichkeit [...]" (Turkle 1999, S. 16).

„[...] Drei Handles habe ich, von denen ich reichlich Gebrauch mache ... Das eine beschäftigt sich sehr ernsthaft mit dem Krieg in Jugoslawien, [ein anderes] ist ganz wild auf Melrose Place³¹, und [ein drittes] tummelt sich lebhaft auf Sex-Channels, immer auf der Suche nach ein bißchen Spaß" (aus: Turkle 1999, S. 288f).

„Schon immer habe ich wissen wollen, was Männer miteinander anstellen. Ich konnte mir noch nicht einmal vorstellen, wie sie miteinander sprechen. Ich kann ja wohl kaum in eine Schwulenbar gehen und sie unbemerkt belauschen" (aus Turkle 1999, S. 344).

Früher war der Wechsel zwischen verschiedenen Identitäten nicht so leicht möglich – wie in dem letzten Zitat beschrieben. Es waren natürliche Grenzen geben, da z.B. visuelle Merkmale darauf hinwiesen, daß eine Frau kein Mann ist, obwohl sie vorgibt einer zu sein oder man sich eben nicht ins Schwulenmilieu traute. Im Netz läßt sich diese Neugier befriedigen, indem man sich in einen Gay-Chat einloggt und vorgibt, ein schwuler Mann zu sein. Solche Erfahrungen vermögen es durchaus, toleranter zu werden oder seinen eigenen Horizont zu erweitern³² wie eine Frau berichtet:

„Dadurch kommen mir die Schwulen nicht mehr so exotisch vor" (Turkle 1999, S. 345)

---

³⁰ Anmerkung der Autorin
³¹ „Melrose Place" ist der Name einer amerikanischen Serie, die auch im deutschen Fernsehen unter diesem Titel ausgestrahlt wurde.

Und ein Mann erklärt:

„Ich wollte mehr über die Erfahrungswelt von Frauen wissen, und nicht nur das, was ich darüber lesen konnte ... Ich wollte wissen, welche Gefühle dieser Unterschied auslöst. Ich wollte mit der anderen Seite experimentieren ... Kooperativ und hilfsbereit wollte ich sein, und ich dachte, das würde mir als Frau leichter fallen [...]" (Turkle 1999, S. 351).

Der Mann hat die hilfsbereite Seite seines Charakters kennengelernt und im Netz ausgelebt. Im Umgang mit ihr ist er im RL sicherer geworden (vgl. Turkle 1999, S. 351ff). Die unterschiedlichen Charaktere oder Figuren, die ein User annimmt, lassen sich durch Hyper*links* miteinander verflechten (siehe Sandbothe, S. 56f). Es ist denkbar, daß die einzelnen Figuren auf verschiedenen Webpages präsentiert werden, die untereinander durch Links verbunden sind. Online-Nutzer verfügen z.b. über eine private und eine berufliche Homepage. Erstere enthält Fotos, Informationen zur Lieblingsband, Comics, etc. Die Zweite vermittelt ein seriöseres Bild des Autoren wie z.B. Veröffentlichungen und Beschreibungen der beruflichen Laufbahn. Die einzelnen Aspekte des multiplen postmodernen Selbst wären auf diese Weise wieder in einer Person verschmolzen.

Die verschiedenen Charaktere eines Nutzers werden durch seine selbst gewählten Nicknames präsentiert. Für Elisabeth Reid ist es der Moment, in der das virtuelle Leben beginnt: „The name the player choose is the beginning of his or her virtual self" (ebd. 1994, S. 70). Die Bedeutung des Namens erscheint im Internet beim ersten Kontakt essentieller als im RL, da sie die erste Beschreibung der Persönlichkeit verkörpert[33] und zumeist erster Anziehungspunkt für ein Gespräch ist, mit dem bestimmte Erwartungen an die Person verknüpft werden. Der Sender teilt dem Empfänger den Nick mit und löst durch ihn bestimmte Annahmen über die Identität des Transmitters aus, auch wenn diese

---

[32] Natürlich besteht auch die Möglichkeit, sich in seinen Vorurteilen bestätigt zu fühlen.
[33] Es fehlen z.B. äußere Erscheinungsmerkmale sowie das Verhalten bzw. Auftreten einer Person, von denen im RL ebenfalls Rückschlüsse auf den Charakter gezogen werden.

wenig konkretisiert sind: „Jeder Name ist ein Behälter, in den die bewußten oder unbeab-
sichtigten Bewertungen des Namensgebers hineingegossen werden" (Strauss , S. 13).
Anke Bahl berichtet in ihrer Magisterarbeit von Jack:

> *„Sein Vorname ist eigentlich ein Kosename für „John" und hat somit dieselbe*
> *Wurzel wie der deutsche „Johann". Jack wählte dessen Kurzform „Hans", und*
> *weil er in den USA Luft- und Raumfahrttechnologie studiert, wurde daraus*
> *„LuftHans". In diesem Namen manifestiert sich nicht nur der Wunsch nach einer*
> *deutschen Identität, sondern auch seine Vorliebe für Wortspielereien" (ebd.*
> *1997, S. 87).*

Haya Bechar hat vierzehn verschiedene Kategorien entwickelt, in denen die Ursprünge
eines Nicks verankert sind (zit. nach Husmann 1998, S. 30[34]). An dieser Stelle seien nur
einige exemplarisch genannt:

- Namen aus Literatur, Kino, Fernsehen: „spok", „faust", „gizmo"
- Namen berühmter Persönlichkeiten: „Elvis", „bradpitt"
- Namen mit sexuellem Bezug: „sexbombe", „bigtoy"

Nicks werden oft im Laufe der Zeit verändert, da er Erwartungen bei den Empfängern
auslöst, die nicht beabsichtigt waren oder er von einer anderen Person ebenfalls benutzt
wird, so daß es zu Verwechslungen kommt, etc. Der Transmitter erhält also über eine
Feedback-Schleife Nachrichten eines oder mehrerer Menschen, die ihn dazu veranlassen,
seine kreative Selbstdarstellung im Netz zu modifizieren:

> *„In meinen IRC-Anfängen kleidete mich der Nick <Sugar>. Nach wenigen Wo-*
> *chen häuften sich die Nachrichten wie z.B. ‚Bist Du genauso süß, wie Dein Nick?'*
> *oder ‚an Dir möchte ich auch gerne mal knabbern'. Dieser Nick löste bei männli-*
> *chen IRCern Erwartungen aus, die mir, als IRC-Anfängerin, nicht bewußt oder*

---

[34] Erhältlich ebenfalls unter http://jcmc.huji.ac.il/vol1/issue2/bechar.html .

recht waren und auch nie in den Sinn gekommen wären" (aus Husmann 1997, S. 31).

Die Sprache eines Chat pendelt irgendwo zwischen geschriebener Schriftsprache und mündlichem Gespräch. Schmidtbauer/Löhr sprechen von einer „Verschriftlichung der Sprache": „im Chat wird umgangsprachlich geschrieben, die Grenze zwischen Umgangs- und Schriftsprache verwischt, es ist ein Mittel zwischen „Telefongespräch" und Email oder Brief"; mit der Sprache wird unmittelbar interaktiv geschrieben statt gesprochen (ebd. 1998, S. 10). Zumeist werden nur kleine Buchstaben verwendet, um die Tippge-schwindigkeit zu erhöhen. Aus demselben Grund tauchen Kommata, Punkte oder sonsti-gen Satzzeichen kaum, Ausrufe- und Fragezeichen im Gegensatz jedoch oft auf, um Emotionen zu verdeutlichen bzw. dem Geschriebenen mehr Ausdruck zu verleihen. Far-ben, Unterstreichungen oder Kursivschrift haben denselben Effekt. Lautes Schreien wird durch kontinuierliches Großschreiben symbolisiert (z.B. „HÖR MIR ENDLICH ZU !!!""). Um fehlende Mimik oder weiterreichende Emotionen zu vermitteln werden soge-nannte „*Emoticons*" (aus dem Englischen: „Emotion" (Gefühl) und „Icon" (Symbol) entwickelt) verwandt[35]. Diese „Smilies" entstammen dem ASCII-Zeichensatz, der auf allen Computern vorhanden ist und Zeichen nach bestimmten Zahlencodes generiert. Man liest sie, indem man den Kopf um 90° nach links dreht[36]:   symbolisiert also ein lachendes Gesicht und   ein trauriges. Übliche Emoticons sind (in Anlehnung an Hus-mann 1998, S. 35):

;-)	Zwinkern	Wird häufig am Ende einer scherzhaften Aussage nachgeschoben. Bei einem Flirt oft als zwinkern zu deuten.
:-(	Grummeln, Traurig	Der Sender ist beleidigt, traurig oder sauer.
:))))	Lachen, Freude	Je mehr Klammern hinzugefügt werden, desto mehr freut sich der User.
:((((	Verärgert, Traurig	Der Nutzer ist böse, unglücklich, etc. Je mehr

---

[35] Hier zeigen sich die interaktive Mediennutzung sowie die kreative Mediengestaltung laut dem Bielefel-der Medienkompetenzmodell (vgl. Kap. 5.2). Dem Erfindungsreichtum der User –auch im Umgang mit-einander– sind kaum Grenzen gesetzt.
[36] Findet man sie in einem Buch o.ä. vor, so kann man natürlich auch die Seit um 90° nach links drehen.

		Klammern, desto heftiger ist die Gefühlsstimmung.
:-\	Zweifel	Der Sender hat Zweifel an dem Geschriebenen.
:-p	Sticheln	Hierdurch wird z.B. das „Zungerausstrecken" symbolisiert.
:-o	Staunen	Ein offener Mund wird symbolisiert.
=:o	Entsetzen	Dem Sender stehen offensichtlich die Haare zu Berge!
:->	Sarkasmus	Dieses Lächeln zielt in sarkastische Richtung.
:-x	Kuß	Dem Empfänger wird ein Kuß gegeben.

Emoticons unterliegen jedoch der ständigen Entwicklung und sind mitunter sehr gruppenintern, so daß niemals eine vollständige Liste existieren kann[37] (vgl. Husmann 1997, S. 33f).

Akronyme sind eine weitere Form, um Bedeutungen zu symbolisieren. Es handelt sich um Abkürzungen, die manchmal von ** eingerahmt werden. Da sie dem englischsprachigen Raum entstammen, kann man sie oft nur verstehen, wenn man des Englischen mächtig ist. Grammatikalisch noch nicht bezeichnet, wird sie im IRC auch „irculativ" genannt (vgl. Husmann 1997, S. 39). Beispiele sind:

- *grins* oder *g* = der Sender grinst grade
- *rotfl* (rolling over the floor laughing) = der Sender lacht sehr stark (wörtlich: rollt lachend über den Fußboden)
- *gießteeein* = der Sender gießt sich (oder der anderen Person) einen Tee ein (im Kontext zu deuten!).

Obwohl durch Akronyme und Emoticons viele non-verbale Gesten, Mimik und Emotionen ausgedrückt werden können, vermögen sie nur unzureichend Ironie zu übermitteln, da hier u.a. Tonfall und der nuancenreiche Gesichtsausdruck unersetzbar zu sein scheinen (vgl. Bahl 1997, S. 69). Dadurch können Mißverständnisse entstehen, weil der Empfänger die vier Aspekte der Botschaft nicht im Sinne des Senders zu decodieren vermag. Ein „Du bist aber heute nett" könnte sowohl ernst als auch ironisch gemeint sein. Um ersteres auszudrücken wäre es möglich, den Satz mit einem :) zu kombinieren. Dementsprechend würde mit :(auf das Gegenteil hingewiesen. Die Beziehungsseite einer ironischen Nachricht zu erfassen und eine Appellfunktion wie z.b. „Entschuldige dich gefälligst" (bei ironischer Aussage) zu erkennen, erscheint schwierig. Von Vorteil wäre es, wenn sich die Interaktionspartner kennen und schon länger in dieser Form miteinander kommunizieren, da sich auf diesem Wege bestimmte Verhaltensweisen im Netz herauskristallisieren. Anke Bahl (1997, S. 76) berichtet z.b. von Amy und Michael, die einen gewissen „Code" zur absichtlichen Beendigung eines IRC-Kontakts vereinbart haben, damit keiner von beiden beleidigt ist, falls die Verbindung durch technische Probleme (Leitungsunterbrechung) gestört wurde:

„Whenever we leave each other, Michael always types '*kiss*'. And '*hug*'. And I do the same back. And if I haven't typed '*kiss*' the talk session is not over yet".

---

[37] Eine Liste der aktuell gebräuchlichsten Emoticons findet sich unter
http://www.heisoft.de/web/emoticon/emoticon.htm .

4.12 MUD

Die MUDs (Multi-User-Dungeons) stellen eine textbasierte, soziale virtuelle Realität dar. Es existieren zum einen vorgefertigte MUDs wie Dungeons & Dragons, die sogenannten „Adventure-MUDs" und zum anderen freie, selbst zu gestaltende und zu programmierende MUDs, in denen die Interaktion mit den anderen Charakteren wichtig ist, die sogenannten „sozialen MUDs" (vgl. Turkle 1999, S. 290). Folgende Abbildung zeigt einen Textausschnitt aus dem MUD „Realm of Magic", welches der Adventure-Variante zuzuordnen ist, da die Charaktere relativ fest und die Abenteuer im Vordergrund stehen:

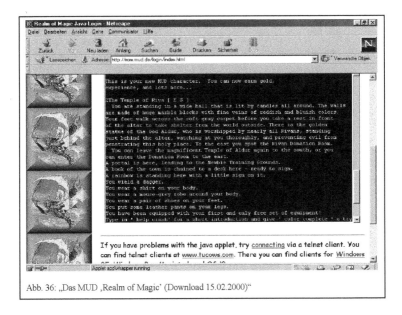

Abb. 36: „Das MUD ‚Realm of Magic' (Download 15.02.2000)"

Ein Online-Nutzer besitzt die Möglichkeit, verschiedene Personae[38] seines Selbst zu erschaffen. Weiterhin können Zimmereinrichtungen und Umgebungen auf einfache Art
programmiert werden. Der Teilnehmer eines MUD erzeugt den Eindruck, den andere von
seiner Figur erhalten, durch Beschreibungen dieser sowie sein Handeln und Reden innerhalb des MUD-Environments.

Viele Eigenschaften bzw. Funktionen für den User treffen auf MUD und Chat gleicher-
maßen zu. Wie auch im Chat können tiefe, emotionale Bindungen an eine virtuelle Person entstehen. Sherry Turkle berichtet in ihrem Buch „Leben im Netz" (1999, S. 314f)
sogar von zwei MUD-Spielern, die sich als ihre Netz-Figuren, verlobt haben:

> *„Zur Verlobung erhielt Achilles von Winterlight eine Rose, die sie im Haar ge-
> tragen hatte, und Achilles schenkte ihr tausend Papiersterne. Stewart [sein Nick
> im MUD ist Achilles][39] hat mir die Abschrift der Verlobungszeremonie gegeben –
> zwölf dichtbedruckte Textseiten."*

Des weiteren ist das MUD eine spielerische Form, mehr über sich selbst zu erfahren,
über seine Wünsche, wie man sein möchte und wie man in der Realität ist. Es fungiert als
„Medium für die Arbeit mit dem Rohstoff des Lebens" (Turkle 1999, S. 303), indem z.B.
wie im Chatroom Aspekte des Selbst ausgelebt und ausprobiert werden. Sherry Turkle
berichtet über einen Mann, der das MUD dazu benutzt, um seine Aggressionen aus der
realen Welt abzubauen, indem er Dinge im MUD zerschlägt, destruktiv wirkt. Für ihn
bedeutet diese Vorgehensweise eine „Reinigung", den sogenannten „Katharsis-Effekt".
Wenn er wieder ins RL zurückkehrt, sind seine Aggressionen verflogen.

Die letzten beiden Subkapitel beschäftigen sich mit einer Form von virtuellen Gemeinschaften, die im Internet und manchmal auch darüber hinaus existieren. Rheingold definiert sie folgendermaßen: „Eine virtuelle Gemeinschaft ist eine Gruppe von Menschen,

---

[38] Personae: von lat.: per sonae = „das, wodurch der Schall dringt". Damit ist die Maske eines Schauspie-
lers gemeint, der ebenfalls in mehrere Rollen schlüpfen und verschiedene Identitäten annehmen kann.

die miteinander kommunizieren, die sich zu einem gewissen Grad untereinander kennen, in gewissem Maß Wissen und Information teilen und sich zu einer gewissen Grenze als menschliche Wesen umeinander kümmern, sich treffen und in erster Linie über Computernetzwerke miteinander kommunizieren." (zit. nach Husmann 1998, S. 51).

Sowohl im Chat als auch in den MUDs kommunizieren und interagieren die Menschen miteinander. Sie tauschen Gedanken, Meinungen, Anregungen, Hoffnungen und Wünsche aus. Sie kennen einander bis zu einem gewissen Grad, der von jedem Teilnehmer selbst bestimmt werden kann. Zunächst erhält man nur Auskunft über den Nickname und erfährt immer mehr über die Person, die sich dahinter verbirgt. Das gemeinsame Wissen geht von der Bedienung des Computers über das Aufrufen des Chats bzw. des MUDs bis zu geteilten Interessen, Hobbies oder geteilten Lebensräume wie z.B. dieselbe Universität. Wie bereits erwähnt können echte, innige Bekanntschaften, Freundschaften und Beziehungen entstehen.

"I mean, I don't think I was what Michael was looking for in a girlfriend... like whole package wise. I think, I was in intellect. And that's what he was getting. [...] And I think that's what he was attracted to" (aus Bahl 1997, S. 72)

„If the computer hat not been there ... we wouldn't habe been together" (aus Bahl 1997, S. 134)[40]

Man kümmert sich dann umeinander, der andere wird einem wichtig. Sender und Empfängerrolle werden während des Kontakts des öfteren getauscht, ein echtes Interesse bekundet. Die Interaktion in diesen Nutzungsformen des Net ähnelt einer face-to-face Interaktion. Ein „to-talk-back" nach Rogers ist die Regel, Anschlußkommunikation ist möglich und für den Zusammenhalt einer solchen Gemeinschaft grundlegend. Die Mitglieder müssen aktiv in die Gruppe investieren; sie lebt durch ihre Interaktionen. Dieses

---

[39] Anmerkung der Autorin
[40] Vgl. ebenfalls Bahl 1997, S. 68ff. Anke Bahl schildert sehr anschaulich die Interaktion zwischen den beiden Liebenden über das Netz hinweg.

System von Beziehungen, das Stamm-Chatter oder Stamm-MUD-Spieler untereinander aufgebaut haben, läßt sich zu einem späteren Zeitpunkt (z.B. nach Jahren) niemals wiederbeleben, da es von den speziellen, gerade jetzt teilnehmenden Menschen abhängig ist. Die Kultur des Chattens oder MUD-Spielens kann jedoch unabhängig davon nach Jahren oder Jahrzehnten noch existieren. Sie besteht aus einem System von Regeln, Wahrnehmungen, einer Sprache und Geschichte, die durch Webseiten und im Denken der Online-User verkörpert wird. Auch andere Menschen haben die Möglichkeit, sich dieses System anzueignen, es kennenzulernen, um ihre eigene, neue Gemeinschaft aufzubauen. Die Chatter, mit denen ich mich während der Jahre 1995 bis 1997 regelmäßig getroffen habe, gehen mittlerweile ihre eigenen Wege. Unser Stamm-Chatroom ist zwar noch unter derselben Adresse im Netz abrufbar, jedoch ist von meinen (ehemaligen) Online-Bekannten dort niemand mehr anzutreffen. Die Stamm-Chatter sind jetzt andere Personen, die ihren eigenen Freundeskreis an derselben Stelle besitzen, an der ich auch mal aktiv war. Es ist mit dem Leben im RL in einem Stadtteil vergleichbar. Die Nachbarn kennen sich und nach und nach ziehen Menschen weg oder hinzu, so daß sich über Jahrzehnte ein ganz anderes Umfeld ergibt. Im Internet kann dieser Prozeß nur viel schneller ablaufen. Eine Gemeinschaft benötigt Präsenz, Aufmerksamkeit und Interaktion. Jeder Teilnehmer muß oder sollte sich darüber im Klaren sein, was er hineingeben und wieder herausbekommen möchte: „Was Sie in eine Gemeinschaft einbringen, bestimmt, welchen Nutzen sie daraus ziehen" (Dyson 1999, S. 71)

Das Internet wird – wie dieses Kapitel gezeigt hat – von den Usern in seiner Bandbreite der interaktiven Offerten, die auf unterschiedlichen Interaktivitätsniveaus angesiedelt sind, genutzt. Es stellt sich die Frage, welche Voraussetzungen die Individuen eigentlich mitbringen, die dieses Potential für sich zugänglich machen?
Antworten versucht das Konzept der Medienkompetenz zu geben, auf das im folgenden Kapitel unter Einbezug der interaktiven Angebote des Internets eingegangen wird.

5 Abschließende Gedanken

In dieser Arbeit ist deutlich geworden, daß der Eigenaktivität der Menschen – besonders im Umgang mit dem Internet – eine hohe Bedeutung zukommt. Erst durch die individuelle Selektion verschiedener Angebote aus dem expandierenden Pool des Netzes kann der Einzelne seinen persönlichen Nutzen erfahren. Bedürfnisse werden durch die Abstimmung auf die eigenen Ziele, Wünsche, Werte und Interessen befriedigt und dem Internet gemäß der Theorie des „Symbolischen Interaktionismus" (vgl. Kapitel 3.2ff dieser Arbeit) eine individuelle Bedeutung zugeschrieben, d.h. das Internet wird in das eigene Leben integriert und erfüllt eine ganz spezielle Funktion, die für jeden User eine andere sein kann. Sein unmittelbarer Nutz- und Gebrauchswert gewinnt – von denen einige Formen im vorherigen Kapitel gezeigt werden konnten – zunehmend an Relevanz: „Das Internet wird nicht nur zeitlich habitualisierter im Alltag eingesetzt, sondern auch wesentlich stärker unmittelbar und direkt in konkrete Alltagsabläufe eingebunden" (ARD/ZDF-Online-Studie 1999, S. 403f). Zudem geben immer mehr Menschen an, den Online-Anschluß beruflich oder zur beruflichen Aus- und Weiterbildung zu benötigen: 42 % gegenüber 38 % in der Befragung der ARD/ZDF-Online-Studie 1997 versus 1999 (ebd., S. 403).

Abschließend soll die Frage nach den Voraussetzungen für diese Internetnutzung gestellt werden. Welche Bedingungen sind nötig, damit in der Bevölkerung kein „knowledge gap" zwischen den „information-rich" und den „information-poor" entsteht?

5.1 Die Wissenskluft-Hypothese

Die Hypothese der wachsenden Wissenskluft (increasing knowledge gap) geht auf die Arbeiten einer Forschungsgruppe der Universität Minnesota zurück, die bereits 1970 formuliert wurde und besagt, daß „bei einem durch Massenmedien vermittelten Informationsfluß in ein Sozialsystem die Bevölkerungsteile mit höherem sozioökonomischem Status und/oder höherer formaler Bildung zu einer rascheren Aneignung dieser Informationen tendieren als die status- und bildungsniedrigeren Bevölkerungsgruppen, so daß die Wissenskluft zwischen diesen beiden Teilen tendenziell zu- statt abnimmt" (Baacke et al. 1999, S. 12). Um diesem Trend entgegenzuwirken, müßten umfangreiche Maßnahmen in Aus- und Weiterbildung getroffen werden. Zum einen sollte jeder Bürger Zugangsmöglichkeiten zum Internet besitzen und zum anderen mit seinem Umgang vertraut gemacht werden (vgl. Forderungen in Treumann et al. 1999, S. 198ff und Baacke et al. 1999, S. 12ff). In Fachkreisen wird in diesem Zusammenhang über ein Vermittlung von Medienkompetenz diskutiert, die unterschiedliche Elemente umfaßt. Im folgenden wird nun kurz das Bielefelder Modell vorgestellt und auf Bereiche des Internet angewandt.

5.2 Überlegungen zur Medienkompetenz im Rahmen der Internetnutzungsmöglichkeiten (Bielefelder –Modell)

Der Begriff der Kompetenz wurde in den 70er Jahren aus der Linguistik übernommen und in die medienpädagogische Diskussion einbezogen[1]. Mit diesem Kompetenzbegriff ist die Annahme verbunden, daß jedes Individuum von Natur aus fähig sei, sich auf vielfältige Weise in verschiedenen Symbolsystemen (z.B. Sprache) auszudrücken. Für die Pädagogik bedeutet dies, daß Medienkompetenz genau genommen nicht „vermittelt" sondern „nur" durch die Bereitstellung geeigneter Lernumgebungen[2] gefördert und entfaltet werden kann (vgl. auch Peschke/Wagner 2000, S. 8).

Das Bielefelder-Medienkompetenz-Modell, welches hauptsächlich von Dieter Baacke entwickelt wurde, differenziert **vier verschiedene Dimensionen** der Medienkompetenz,

---

[1] Zum theoretischen Diskurs siehe Baacke, D.: „Kommunikation und Kompetenz. Grundlegungen einer Didaktik der Kommunikation und ihrer Medien", Juventa, München, 1973

die sich in *neun Teil-Dimensionen* aufspalten (Baacke 1997, S. 99 sowie ebd. 1999, S. 11):[3]

	Dimension	Inhaltsbeispiel
1.	**Medienkritik**	
	a) *analytische* Medienkritik	Fähigkeit, problematische gesellschaftliche Prozesse erfassen zu können
	b) *reflexive* Medienkritik	Fähigkeit, das analytische Wissen auf sich selbst und sein Handeln anwenden zu können
	c) *ethische* Medienkritik	Fähigkeit, analytisches Denken unter reflexivem Rückbezug sozial verantwortlich aufeinander abzustimmen
2.	**Medienkunde**	
	a) *informative* Medienkunde	Über klassische Wissensbestände zu verfügen (z.B. Was ist das Internet? Welche Programme gibt es?)
	b) *instrumentell-qualifikatorische* Medienkunde	Fähigkeit, Geräte o.ä. bedienen zu können
3.	**Mediennutzung**	
	a) *rezeptive* Mediennutzung	Fähigkeit, aus den Angeboten auswählen und mit ihnen umgehen zu können
	b) *interaktive* Mediennutzung	Fähigkeit, selber zum Sender werden zu können
4.	**Mediengestaltung**	
	a) *innovative* Mediengestaltung	Fähigkeit, Veränderungen am Mediensystem oder Weiterentwicklung dessen vornehmen zu können
	b) *kreative* Mediengestaltung	Fähigkeit, zur Durchführung ästhetischer oder komplexerer Varianten der Gestaltung der Mediensysteme

Tabelle 2: „Dimensionen der Medienkompetenz nach dem Bielefelder-Modell"

---

[2] Anmerkungen zur Gestaltung von Lernumgebungen und Veränderungen in der Pädagogik finden sich in Kapitel 5.3 dieser Arbeit.
[3] Die nachstehende Tabelle orientiert sich an der Einteilung in Treumann et al. 1999, S. 17f.

Welche Formen der Medienkompetenz sind nun für die unterschiedlichen Arten der Internetnutzung notwendig bzw. wünschenswert[4]?

Auf der ersten Ebene der primär rezeptiven Interaktivität müssen die Zugangswege zum Netz dem User bekannt sein, damit er sich überhaupt einloggen kann (instrumentell-qualifikatorische Medienkunde). Hierunter fallen u.a. ein internetfähiger Rechner sowie Telefonanschlüsse- und gebühren.

Dabei sollte ihm bewußt sein, daß (noch) nicht alle Gesellschaftsschichten diese besitzen (analytische Medienkritik). Obwohl jeder zweite Erwachsene ab 35 Jahren einen Computer benutzt, so beschäftigt sich nur noch jeder dritte mit dem Internet, wobei der Angebotsvielfalt wenig Beachtung geschenkt wird, da hauptsächlich Online-Dienste[5] aufgerufen werden, um nach Informationen zu suchen oder Emails zu versenden (vgl. Baacke et al. 1999, S. 3f).

Um von reflexiver Medienkritik sprechen zu können, müssen u.a. Gedanken an die Finanzierung des Netzzugangs und Weiterbildungsnotwendigkeiten für die Person selbst vollzogen werden.

Das Abwägen von Chancen und Risiken, die das Netz den Menschen bietet, zählt zur ethischen Medienkritik. Im Rahmen dieser Betrachtungsweise liegen problematische Netzinhalte wie Pornographie, Mordaufrufe und extremistische Webpages. Diese Aspekte sollten einem Internet-Nutzer bekannt sein, auch wenn er nur eher rezeptiv durch das Netz browst.

Um sich aktiv mit den Nutzungsformen des Internets auseinanderzusetzen, sich über Angebote zu informieren (informative Medienkunde) und zu reflektieren, welchen persönlichen Nutzen diese ihm offerieren können, muß der User über Kompetenzen in der Medienkunde und Mediennutzung verfügen (zweite Ebene der Interaktivität).

Zur instrumentell-qualifikatorischen Medienkunde gehört dabei Wissen zur Bedienung eines Browsers, wie ein Rechner ans Netz angeschlossen wird, wie eine intentionale Re-

---

[4] Eine weitere Verständnishilfe bietet die übersichtliche Tabelle A.2.2 im Anhang dieser Arbeit.
[5] Online-Dienste wie AOL oder Compuserve bündeln und strukturieren die Informationen des Internets bereits und bieten einen einfachen Zugang für Online-Anfänger zum Netz. Bleibt man jedoch nur auf den Seiten des Online-Dienstes können Bereiche des Netz außer acht gelassen werden (z.B. wenn die Suchmaschine des Online-Dienstes einige Dokumente nicht in ihrer Datenbank enthält).

cherche durchgeführt wird, wie ich adäquate Suchmaschinen und Datenbanken finde und nutze. Die Anwendung dieses Wissen führt zur Dimension der rezeptiven Mediennutzung, in der gezielte Informationsabrufe und Downloads angewandt werden.

Aktive, dialogfordernde Kommunikationsformen finden sich auf der dritten, aktiven Interaktivitätsebene. Hierzu zählt z.B. die aktive Teilnahme an einer Newsgroup, da die User ihre Sender und Empfängerrollen wechseln, sich mit den Nachrichten der anderen auseinandersetzen und aufeinander eingehen, indem sie Fragen stellen sowie individuelle Antworten und Tips geben[6] (interaktive Mediennutzung). Nutzer dieses Internetangebotes verfügen weiterhin über Kompetenzen in der innovativen Mediengestaltung. Sie tragen mit ihren Botschaften zur Meinungsbildung (man denke an politische Newsgroups), Weiterentwicklung und Veränderung des Systems bei. Letzteres ist z.B. der Fall, wenn Mitglieder eines Diskussionsforums dem Anbieter Verbesserungsvorschläge (Layoutkritik, Archivierungswünsche, differenziertere Strukturierung, etc.) unterbreiten.

User die eine eigene Homepage oder Figuren/Räume in einem MUD kreieren, bewegen sich in der Dimension der kreativen Mediengestaltung. Sie greifen auf hohem, gestalterischem Niveau in die Netzinhalte ein (vgl. Baacke 1999, S. 22).

Abschließend werden zwei Beispiele vorgestellt, die anhand des Bielefelder Medienkompetenz-Modells beschrieben werden. Das Erste ist ein virtuelles Seminar, welches also direkt im Netz stattfindet[7]. Das Zweite ist ein Unterrichtsprojekt, in dem das Internet als Recherchemedium eingesetzt wurde (siehe Weber-Dwertmann 2000, S. 46ff).

Beispiel 1: Ein virtuelles Seminar

Die Teilnahme an einem virtuellen Seminar erfordert einiges an Medienkompetenz: Auf der Ebene der informativen Medienkunde muß bekannt sein, wie ich das Seminar im Netz erreichen und welche Zugangsvoraussetzungen erfüllt sein müssen (z.B. Einrichtung eines Browsers, Paßworts, etc.). Des weiteren sollte den Teilnehmern bekannt sein,

---

[6] Vgl. Kapitel 4.10 dieser Arbeit.

welche Angebote das Seminar bietet (Chat, Newsgroup, Email) und sollten Erfahrungen im Umgang mit diesen Offerten sammeln (instrumentell-qualifikatorischen Medienkunde). Es geht um die Lösung von Fragen wie „Wie erreiche ich das Seminar im Netz?", „Wie logge ich mich in das Seminar ein?", „Wie nutze ich das Diskussionsforum?" und „Wie lade ich Dokumente von meinem Rechner auf die Seminar-Seiten im Netz?". Häufig angewandte Kommunikationsformen wie Chat und Email erfordern gewisse dialogisch-interaktive Kompetenzen, um mit den anderen Nutzern interagieren zu können. Im Chat sollte z.B. die angesprochene Person immer eindeutig gekennzeichnet werden, damit kein Durcheinander entsteht. Usus ist z.B. den Namen des Adressaten vor die Nachricht zu setzen. Tippe ich „Peter: Kannst Du Deine Frage nochmal wiederholen?", so möchte ich, daß Peter – und sonst niemand – seinen Kommentar wiederholt.

Das virtuelle Seminar lebt von seinen Teilnehmern. Arbeiten sie nicht mit, indem keine Diskussionen entstehen, Fragen und Antworten gegeben werden oder keine interessanten Links den Kommilitonen zur Verfügung gestellt werden, so bleiben die Netzseiten statisch und können allenfalls zur Informationsrecherche nützlich sein, wenn die Dozentin ihr Lehrmaterial bereitstellt. Formen der innovativen Mediengestaltung werden durch Nachrichten an den Kursautoren oder –leiter direkt oder durch Mitteilung in einer Newsgroup, etc. praktiziert. Durch eigene Arbeiten der Teilnehmer, die auf den Internetseiten abgelegt werden, wird der Inhalt des virtuellen Seminars kreativ, innovativ verändert und ergänzt (kreative Mediengestaltung).

Beispiel 2: HIV und AIDS im Internet. Ein Projekt im Biologieunterricht der gymnasialen Oberstufe[8]

In dem Projekt ging es darum, Fachkompetenz im Umgang mit dem Thema HIV bzw. AIDS zu erlangen, sowie Medienkompetenz im Hinblick auf das Internet zu entfalten. Das Netz bietet sich in diesem Fall an, da es aktuellere Informationen als die Schulbücher enthält und Zusatzinformationen oder Erklärungen bietet bzw. bieten kann (z.B.

---

[7] Versuche hierzu werden zur Zeit u.a. an der „Virtuellen Universität Oberrhein" (VIROR) zu der sich die Universitäten Mannheim, Karlsruhe, Freiburg und Eichstätt zusammengeschlossen haben, durchgeführt. Informationen sind unter der URL http://viror2.philosophie.uni-mannheim.de zu erhalten.

Erfahrungsberichte oder Kontaktadressen von Beratungsstellen an dem jeweiligen Ort der Schule).

Kompetenz im informativen Bereich der Medienkunde wurde durch die theoretische Einführung zum Internet, seiner Struktur und den verschiedenen Zugangsweisen (Schule, Internet-Café, ISDN-Leitungen und Modem) sowie der Klärung von Fachbegriffen hervorgerufen.

Der instrumentell-qualifikatorische Aspekt der Medienkunde wurde durch einen Informatiker des Wissenschaftlichen Instituts für Schulpraxis (WIS) zu Beginn der ersten Blockeinheit durchgeführt. Dabei standen im Rahmen der Ausbildung der Fähigkeit, mit dem Computer und dem Internet umzugehen, die Bedienung von Suchmaschinen und die Speicherung der gefundenen Informationen (auf Diskette oder mittels Ausdruck einer Webpage) im Vordergrund. Um mit dem Neuen Medium Internet arbeiten zu können, wird also eine umfassende Kompetenz im Umgang mit dem Rechner an sich benötigt. Es reicht nicht aus, vor dem Bildschirm zu sitzen und sich durch das Netz klicken zu können. Zudem muß die Fähigkeit ausgebildet werden, aufgespürte Informationen für den späteren Gebrauch nutzbar zu machen.

Die Dimension der rezeptiven Mediennutzung wurde gut ausgestaltet. Es entstanden Broschüren, die das recherchierte Material enthielten. Die Informationen des Online-Mediums wurden also in die Form eines Printmediums transformiert (vgl. Weber-Dwertmann 2000, S. 47). An dieser Stelle zeigt sich die Verbindung zwischen den verschiedenen Medien: Texte und Bilder finden sich ebenso in Zeitungen und Büchern wie auch im Netz, Animationen und Töne ebenso auf Videocassetten und CDs. Der Computer besitzt den Vorteil, daß er sämtliche Medien auf einer Plattform vereint (siehe Kapitel 1, S. 2f und Kapitel 2.2.2). Im Vorfeld einer Kurseinheit sollte überlegt werden, welche Unterrichtsinhalte sinnvoll mit welchem Medium vermittelt werden können[9]. In diesem Fall spielte die Aktualität der im Netz enthaltenen Informationen eine entscheidende Rolle für die Wahl des Recherchemediums.

---

[8] Vgl. Weber-Dwertmann 2000, S. 46ff

Formen der interaktiven Mediennutzung sowie der Mediengestaltung blieben unangetastet. Dies mag an den höheren technischen sowie instrumentell-qualifikatorischen Voraussetzungen liegen. Denkbar wären jedoch folgende Möglichkeiten:

Interaktive Mediennutzung könnte z.b. über eine Kontaktaufnahme via Email zu den jeweiligen Beratungsstellen abgedeckt werden. Dafür muß jedoch auf dem Rechner ein Email-Zugang eingerichtet sein. Es wäre ein System-Administrator vonnöten, der die Organisation, Einrichtung und Pflege des Netzwerkes mit seinen verschiedenen Email-Konten übernähme. Von den technischen Anforderungen abgesehen, müßten Fragen zur Sicherheit und Verantwortlichkeit geklärt werden: „Wer erhält einen Email-Account?", „Wer ist für den Inhalt der Mails verantwortlich?", etc.

Des weiteren bestünde theoretisch die Möglichkeit, ein Diskussionsforum auf einem Server zu installieren, an dem sich auch Schüler anderer Klassen beteiligen könnten. Die Einrichtung und Pflege eines Servers bedarf jedoch intensiver Betreuung und ist mit nicht unerheblichen Kosten verbunden. Ein schuleigener Server besäße auch die Chance, kreative Mediengestaltung zu fördern, da hypermediale Dokumente erzeugt und dort für die Öffentlichkeit zugänglich abgelegt werden könnten.

Die nachstehende Tabelle verdeutlicht noch einmal abschließend, welche Dimensionen der Medienkompetenz in dem Unterrichtsprojekt abgedeckt wurden und welche ergänzt werden könnten:

---

[9] Wird im Kunstunterricht ein Gemälde besprochen, welches sich in einem Museum in demselben Ort wie die Schule befindet, so erscheint es sinnvoller, das Kunstwerk aus der Nähe zu betrachten und einen Museumsbesuch durchzuführen.

Dimension	Beispiel: HIV und AIDS im Internet. Ein Projekt im Biologieunterricht der gymnasialen Oberstufe
Analytische Medienkritik*	Das Internet verändert die Kommunikation. Das Internet bietet neue Möglichkeiten der Interaktion. Was bedeutet es, wenn Menschen keinen Zugang zum Netz besitzen?
Reflexive Medienkritik*	Was heißt das für mich? Welche Möglichkeiten kann/möchte ich in Anspruch nehmen?
Ethische Medienkritik*	Welche Inhalte des Netzes sind problematisch? Was sollte man dementsprechend unterlassen? Könnten Menschen sich verletzt fühlen, wenn ich etwas im Internet veröffentliche (Fotos, Texte)?
Informative Medienkunde	Theoretische Einführung zum Internet, Struktur, verschiedene Zugangsweisen, Fachbegriffe
Instrumentell-qualifikatorische Medienkunde	Ausbilden der Fähigkeit, mit Computer und Netzangeboten umzugehen, insbesondere die Bedienung von Suchmaschinen Speicherungsmöglichkeiten auf Disketten, Ausdruck von Webpages
Rezeptive Mediennutzung	Material im Netz zum Thema suchen, Kontaktadressen
Interaktive Mediennutzung	Mögliche Ergänzung: Kontakt zu Beratungsstellen aufnehmen
Innovative Mediengestaltung	Mögliche Ergänzung: Diskussionsforum auf Schulserver für die Schülerinnen bereitstellen
Kreative Mediengestaltung	Mögliche Ergänzung: Ein Hypertextdokument erstellen und auf dem Schulserver ablegen

* Die ersten drei (Teil-) Dimensionen treffen global auf das Internet zu. Jede *Userin* sollte sich im Hinblick auf kompetenten Umgang mit diesem Neuen Medium mit ihnen beschäftigt haben.

Tab. 3: „Anwendung des Bielefelder Medienkompetenz-Modells als klassifikatorisches Instrument zur Beschreibung und Untersuchung der Internetnutzung"

Medienkompetenz im Hinblick auf das Internet zu fördern, setzt umfangreiche Innovationen im Bildungsbereich voraus: Zum einen muß eine technische Infrastruktur geschaffen werden und zum anderen müssen Lehrende selbst medienkompetenter werden. Zukünftig sollten Lehrer nicht mehr zustimmen, daß die meisten Lehrer Defizite im Umgang mit dem Internet besitzen und Schüler ihnen in der Beherrschung des Netzes überlegen sind (vgl. Treumann et al. 1999, S. 114)[10]. Wie sollen Lehrende Schlüsselqualifikationen vermitteln, über die sie selbst nicht verfügen? Im folgenden Unterkapitel werden Maßnahmen vorgestellt, die helfen sollen, dieses Problem zu lösen.

5.3 Schaffen einer Infrastruktur – Innovationen

Unserer Informationsgesellschaft[11] verfügt bereits über ein Internetangebot mit unterschiedlichem interaktiven Nutzungsmöglichkeiten, die – wie in dieser Arbeit vorgestellt – mehr oder weniger stark genutzt werden. Der Umgang mit dem Internet stellt eine weitere Schlüsselqualifikation in unserer heutigen Gesellschaft dar, wie z.B. der Schlußbericht der Enquete-Kommission „Zukunft der Medien in Wirtschaft und Gesellschaft – Deutschlands Weg in die Informationsgesellschaft" (Drucksache 13/11004 vom 22.06.1998) verdeutlicht: In ihm wird davon ausgegangen, daß es weitgreifende Veränderungen auf den Gebieten der Technik, Wirtschaft, Arbeit, Bürger und Staat sowie Umwelt, Verkehr und Bildung gibt und geben wird[12]. Bundeskanzler Gerhard Schröder

---

[10] In der Studie von Treumann et al. sollten die Lehrerinnen und Lehrer zu folgender Frage Stellung nehmen „Die Veränderungen in der Informationsgesellschaft wirken sich auf die Arbeit in der Schule aus. Welche Auswirkungen auf Ihre Schule sehen Sie? Bitte geben Sie zu jeder der folgenden Aussagen an, inwieweit Sie ihr zustimmen oder nicht". Die Skala reichte von 1 (stimme gar nicht zu) bis 5 (stimme völlig zu). Das Item „Die meisten Lehrer haben Defizite im Umgang mit dem Internet" erhielt in der Beantwortung einen Mittelwert von 4,13 und das Item „Schüler(innen) sind den Lehrern in der Beherrschung des Internets überlegen" einen Mittelwert von 3,86. Beide lagen damit nah an dem Skalenpunkt 4 (stimme ziemlich zu).
[11] Zur Diskussion um die Informations- oder Wissensgesellschaft siehe Aufenanger, S.: „Medien-Visionen und die Zukunft der Medienpädagogik", In: Medien praktisch, Nr. 1, 2000, S. 4f
[12] Detailliertere Informationen sind dem Bericht selbst zu entnehmen.

betont: „Mit der Vermittlung der notwendigen Kompetenzen kann nicht früh genug begonnen werden" (zit. nach Deutsche Telekom Pressemappe 2000, S. 1).

Grundlage für die weitreichenden Veränderungen bildet der Zugang zum Netz. Ein Meilenstein ist am 11.02.2000 durch die Deutsche Telekom gelegt worden, indem der Konzern versprach alle rund 40.000 Schulen Deutschlands mit einem kostenlosen ISDN-Anschluß sowie T-Online-Zugang auszustatten. Unter dem Motto „Deutschl@nd geht online" wollen Dr. Ron Sommer (Vorstandsvorsitzender der Deutschen Telekom) und Bundeskanzler Gerhard Schröder bis zum Jahr 2001 alle Schulen angeschlossen haben (siehe Informationen unter http://www.telekom.de, Download 15.02.2000).

Die Erziehungswissenschaften sind damit vor eine neue Aufgabe gestellt, die Innovationen in den Bereichen der Lernumgebungen, -materialien, Lehr- und Lerninhalte in Ausbzw. Weiterbildung, etc. umfaßt (die in z.T. schon in Kapitel 4.9 dieser Arbeit behandelt wurden). Im Zuge dessen hat das Ministerium für Schule und Weiterbildung, Wissenschaft und Forschung (MSWWF) Anfang des Jahres 2000 ein neues Rahmenkonzept für die Lehrerausbildung mit dem Titel „Zukunft des Lehrens – Lernen für die Zukunft: Neue Medien in der Lehrerausbildung" veröffentlicht. Die enthaltenen Forderungen zur Medienkompetenz, die ein „detaillierter Zielrahmen für die Lehrerausbildung im Bereich von Medien und Informationstechnologien" festhält (MSWWF 2000, S. 55), finden sich in den Dimensionen des Bielefelder Medienkompetenz-Modells wieder (vgl. Kapitel 5.2). In dem Zielrahmen heißt es:

„Die zukünftigen Lehrpersonen sollen selbst medienkompetent werden, d.h. sie sollen in der Lage sein,"

1. *„Medien sowie Informations- und Kommunikationstechnologien zu handhaben und sinnvoll zu nutzen, insbesondere zur Informationsbeschaffung und –verarbeitung, zur Kommunikation und Kooperation, für fachliches und überfachliches*

Lernen[13], für Entscheidungsfindungen und Problemlösung" (MSWWF 2000, S. 55).

Hier sind besonders Kompetenzen in der instrumentell-qualifikatorischen Medienkunde sowie in der rezeptiven und interaktiven Mediennutzung angesprochen: Medien richtig handhaben zu können (instrumentell-qualifikatorischen Medienkunde) setzt natürlich auch Wissen in der informativen Medienkunde voraus, d.h. man muß (wenn auch nur im Groben) wissen, was das Internet ist und wie es funktioniert, um *sinnvoll* damit arbeiten zu können (rezeptive[14] und interaktive[15] Mediennutzung). Man denke z.B. daran, daß prinzipiell jeder Daten ins Netz stellen kann, deren Echtheit und Zuverlässigkeit jedoch nicht unbedingt gewährleistet ist. Für sinnvolles Zitieren und Argumentieren, ist die Authentizität des Materials jedoch unbedingt notwendig.

2. *„Medien für Lernen und zur Gestaltung eigener Darstellungen – ggf. unter Nutzung informationstechnischer Werkzeuge – selbst herzustellen [...]" (MSWWF 2000, S. 55).*

An dieser Stelle findet sich die Dimension der Mediengestaltung wieder, die Aspekte der Veränderung und Weiterentwicklung des Mediensystems beschreibt (innovative Mediengestaltung). Bewegt das Individuum sich auf höherem, ästhetisch-gestalterischem Niveau, so wird von kreativer Mediengestaltung gesprochen.

3. *„Medien und Informationstechnologien und die mit ihnen verbundenen Zeichensysteme sowie die zentralen funktionalen Prinzipien der Informationstechnik*

---

[13] Das Internet eignet sich hervorragend für fächerübergreifendes Lernen, da es eine Fülle von Informationen enthält, mit denen sich ein Thema aus unterschiedlichen Perspektiven betrachten läßt. Wenn über das Thema AIDS recherchiert wird, könnten Daten aus dem biologischen (Aufbau von Viren), medizinischen (Verlauf der Krankheit) und sozialen/ethischen (Ausgrenzung der Kranken) Bereich von Relevanz sein.
[14] Z.B. Informationsbeschaffung (vgl. Kapitel 3.4)

und die maschinelle Verarbeitung von Informationen zu verstehen und einzu-
schätzen" (MSWWF 2000, S. 55).

Hier sind die eher technischen Aspekte der informativen und instrumentell-
qualifikatorischen Medienkunde angesprochen. Ein Beispiel wäre das Verständnis
der unterschiedlichen Codierungsformen und ihrer Vernetzung in einem hypermedialen Dokument, die in Kapitel 2.2.1 und Kapitel 4.9 dieser Arbeit themati-
siert wurden.

4. *„Medien im politischen bzw. gesellschaftlichen Zusammenhang kritisch zu*
analysieren, rechtliche und ethische Implikationen zu bedenken [...]"(MSWWF
2000, S. 55).

Dieser Anspruch entspricht der medienkritischen Dimension in ihren drei Aus-
prägungen: Die analytische Medienkritik umfaßt die Beschäftigung mit gesellschaftlichen Prozessen, zu denen auch die politischen gehören. Diese selbst zu reflektieren und dabei ihre ethischen sowie rechtlichen Inhalte bzw. Konsequenzen
mit einzubeziehen, findet Eingang in reflexiver und ethischer Medienkritik.

Um die Forderungen zur Medienkompetenz in den schulischen Lehr-/Lernprozeß zu im-
plementieren, werden für die erste Phase der Lehrerausbildung an den Hochschulen u.a.
folgende Vorschläge unterbreitet, die auf das Modellernen von Studierenden von den
Dozenten abzielen (aus MSWWF 2000, S. 31):

- „Präsentationen von Software in Vorlesungen, Seminaren und Übungen mit fe-
  stinstallierten oder mobilen Geräten,
- Lernen und Arbeiten mit Seminargruppen in Computerlaboren bzw. Multimedia-
  Seminarräumen,

---

[15] Z.B. Kooperation (vgl. Kapitel 3.4)

- Eigenes Gestalten von Software an betreuten Einzelarbeitsplätzen und Diskussion der Ergebnisse in Lerngruppen,
- Entdeckendes und kooperatives Lernen in Arbeitsgruppen und Tutorien in einer mulimedialen Lernwerkstatt bzw. einem pädagogischen Computerzentrum,
- Vor- und Nacharbeiten vom häuslichen Computer aus"

Die fortwährende, vielfältige Anwendung von Computer und Internet im Studium von den Studenten selbst, soll sie dazu befähigen, diese Neuen Medien ganz selbstverständlich in ihre eignen Lehr- und Lernprozesse miteinzubeziehen. Es wird explizit darauf hingewiesen, daß dabei auf „Angebote aus Bildungsservern sowie auf weitere Bildungs-, Informations- und Kommunikationsangebote im Netz zugegriffen werden" (ebd. 2000, S. 31) und mit Studierenden an anderen europäischen und außereuropäischen Hochschulen Kontakt aufgenommen werden soll (ebd. 2000, S. 31).

Als „infrastrukturelle Grundvoraussetzungen" nennt das MSWWF folgende Einrichtungen bzw. Ausstattungsgegenstände (vgl. ebd. 2000, S. 34f):

- Präsentationshilfen (Beamer, Notebooks),
- Multimedia-Seminarräume und Medienwerkstatt (ein Rechner für zwei Studierende, LAN, Internetzugang, HTML-Werkzeuge)
- Betreute Arbeitsplätze (für kreative Mediengestaltung)
- Bereitstellung von Bildungssoftware (Lernsoftware, Edutainment, Simulationsprogramme)

In der zweiten Phase der Lehrerausbildung gelten in den Studienseminaren die Empfehlungen der Neufassung der OVP (Ordnung des Vorbereitungsdienstes und der Zweiten Staatsprüfung für Lehrämter an Schulen)[16], in denen „Lehramtsanwärterinnen und –an-

---

[16] Vgl. MSWWF 2000, S. 15 und 37

wärter mit überzeugenden Modellen[17] gemeinsamer praktischer Arbeit mit Medien und Informationstechnologien vertraut" (ebd. 2000, S. 37) gemacht werden sollen.

Für die Fortbildung von Lehrern im Regelbetrieb von Ausbildungsstätten stehen die sogenannten Moderatoren[18] der Fortbildungsangebote der Landesanstalt für Schule und Weiterbildung NRW in Soest zur Verfügung (vgl. Treumann et al. 1999, S. 190). In den Kursen wird zukünftig auf die individuellen Voraussetzungen der Lehrer und den vorhandenen schulischen Gegebenheiten für die Medienbildung Rücksicht genommen und bedarfsgerechte Konzepte erstellt (vgl. MSWWF 2000, S. 45). Zudem werden unterschiedliche Lern-, Arbeits- und Kommunikationsformen unter Einbezug der Neuen Medien und Informationstechnologien behandelt.

Um eine rasche Implementation der innovativen Konzepte in den schulischen Unterricht zu gewährleisten schlägt das MSWWF eine Kooperation zwischen Hochschulen, Schulen und Studienseminaren vor (ebd. 2000, S. 47f). Diese soll einen regelmäßiger Erfahrungs- und Gedankenaustausch beinhalten, um konzeptionelle Überlegungen zur Lehrerausbildung für die Nutzung Neuer Medien weiterzuentwickeln, auf eine stärkere Abstimmung zwischen erster und zweiter Phase der Lehrerausbildung zu erreichen und gemeinsame Aktivitäten zu organisieren und durchzuführen. Als wichtiger (erster) Schritt wird der Aufbau eines gemeinsamen, netzbasierten Materialpools angesehen (ebd. 2000, S. 48). Dieser würde einen schnellen, kostengünstigen Zugriff auf aktuelle, verfügbare Materialien (Seminarunterlagen, Folien, Medien, Präsentationen, Unterrichtsmaterialien und -ideen) erlauben. Der Pool soll für alle interessierten Personen – sei es aus Hochschule, Schule oder anderen Einrichtungen – zugänglich sein.

Des weiteren wird in verschiedenen Projekten an der Etablierung des Internets in den Regelbetrieb von Ausbildungsstätten außerhalb des ersten Bildungswegs gearbeitet. Ein Beispiel ist das sogenannte „L[3]-Projekt[19]: Lebenslanges Lernen: Weiterbildung als

---

[17] Als geeignete Modelle werden z.B. Gruppenarbeit, Interneteinführungen und projektbezogenes Arbeiten angesehen (vgl. MSWWF 2000, S. 40f).
[18] Moderatoren sind Personen, die an Qualifikationsmaßnahmen teilgenommen haben, um Lehrende in ihrer Medienkompetenz weiterzubilden.
[19] Eine ausführliche Projektbeschreibung findet sich unter http://www.l-3.de.

Grundbedürfnis", welches eine multimediale Infrastruktur bereitstellen möchte, die es jedem Individuum ermöglicht, an Qualifizierungsangeboten teilzunehmen: dazu wörtlich „Ziel ist es, eine organisatorische und technische Infrastruktur zu schaffen, die es allen Bürgern ermöglicht, sich permanent beruflich weiterzubilden" (http://www.l-3.de/lebenslang/inhalt.html). Sogenannte Servicezentren stellen die technische Infrastruktur bereit, bieten Lernberatung und tutorielle Hilfe an. Durch Kooperation mehrerer Softwarehersteller soll ein didaktisch strukturiertes, vielfältiges Kursangebot auf Internetbasis bereitgestellt werden, auf welches auch von externen Rechnern Zuhause oder am Arbeitsplatz zugegriffen werden kann. Lernen erfolgt demnach nicht mehr nur in Institutionen, an bestimmten Orten und festgelegten Zeiten, sondern kann von den Lernern weitgehend selbstbestimmt durchgeführt werden. Um möglichst viele Menschen anzusprechen, werden die Lernszenarien dynamisch-interaktiv gestaltet, so daß auf Lernstrategien und Lernpräferenzen des Einzelnen Rücksicht genommen wird; dazu zählen z.B. die Lerngeschwindigkeit, Lernschwerpunkte sowie Vorlieben für Texte, Bilder und Animationen (vgl. Kapitel 4.9: *Verbalisierer* und *Visualisierer*).

Es sollte deutlich geworden sein, daß ein sinnvoller, nützlich und interaktiver Umgang mit dem Internet vielfältige Kompetenzen von dem jeweiligen User erfordert. Das Netz besitzt etliche interaktiven Potentiale, die jedoch durch medienkompetente Menschen genutzt werden müssen, um sie zum Leben zu erwecken. Eine beträchtliche Anzahl von Menschen beschäftigt sich schon mit dem Internet. In Zukunft wird es darauf ankommen, die Potentiale auszubauen und die Bandbreite der interaktiven Nutzungsformen in Deutschland zu etablieren.

> **„Das Netz der Netze: ‚Sein größtes Potential**
>
> **liegt in der Intelligenz seiner Anwender'"**
>
> (Hubert Burda)[20]

---

[20] Esser, B./Martin U.: „Interview mit Hubert Burda", Focus Nr. 6, 7. Februar 2000, S. 231

A.1 Glossar

Anwählen [Anklicken]	Siehe → *Maus*
ARPA (Advanced Research Projects Agency)	Einrichtung des amerikanischen Militärs (1969), die mit Entwicklungen der computergestützten Kommunikation beauftragt wurde, auf denen das heutige Internet basiert.
Asynchrone Kommunikation	Es findet kein unmittelbarer Austausch statt. Die Kommunikationspartner reagieren zeitversetzt aufeinander (z.B. Briefe oder Emails schreiben).
Aus dem Netz ziehen	Informationen oder Daten aus dem Netz auf seinen eigenen Computerarbeitsplatz holen. Dies geschieht durch einfaches Lesen einer Internetseite auf dem Bildschirm, deren Speicherung auf der eigenen Festplatte des Rechners, etc.
Backbone	Überaus leistungsstarke Computer sekundärer Netzwerke, die Länder und Kontinente (also deren Computer netze) miteinander verbinden.
„**Back-Funktion**" eines → *Browsers*	Mit dieser Funktion kann auf die zuvor aufgerufene Seite im Netz zurückgegriffen werden. Dementsprechend führt die „Forward-Funktion" wieder zur nächsten aufgerufenen Seite – ähnlich dem Blättern in einem Buch.
Browser	Ein Programm, mit dem man im Internet navigieren kann. Es beherrscht die Seitenbeschreibungssprache HTML. Gängige Browser sind z.B. der Internet Explorer von Microsoft sowie der Netscape Navigator bzw. Communicator. Diese Programme werden von den Firmen in der Regel Privatpersonen kostenlos zur Verfügung gestellt, welches natürlich deren Verbreitung auf dem Markt unterstützt.
Doppelklick	Siehe → *Maus*
Email	Siehe → *Mail*
Emoticons	Zusammensetzung aus den englischen Wörtern „Emotion" und „Icon". Bezeichnung für Symbole, die besonders im Chat verwendet werden, um Mimik, Gestik oder Gefühle auszudrücken. Beispiele: ;-) für zwinkern, :(für „traurig sein".
Face-to-face Kommunikation	Kommunikation von Angesicht zu Angesicht wie z.B. während einer alltäglichen Gesprächssituation, in der beide Partner sich in einem Raum aufhalten.
Fakes	Fakes sind Personen, die sich unter dem Nickname einer anderen Person für diese ausgeben.
Flames	Beleidigungen in der Netzwelt.
Flüstern	Mit der Funktion „flüstern" können sich in einem Chatroom Personen exklusiv Nachrichten zusenden, d.h. sie

	erscheinen nur auf ihren Monitoren und nicht auf denen der anderen Teilnehmer.
FTP (File Transfer Protocol)	Das FTP ermöglicht es, im Internet auf Daten zuzugreifen und sie von einem Rechner auf den anderen zu transportieren.
HRZ (Hochschulrechenzentrum)	Das Computernetz der Universität
HTML (Hypertext Markup Language)	HTML ist eine Sprache, mit der Seiten für das Internet kreiert werden.
HTTP (Hypertext Transfer Protocol)	Dieses Protokoll ermöglicht es, im Internet auf (graphische) Dokumente zuzugreifen.
Hypertext	Ein Text, deren Inhalt durch → *Links* und → *Knoten* verbunden ist. Im Internet mittels → HTML realisiert.
Icon	Ein Symbol im Internet. Ein Pfeil nach links kann z.b. „zurück-zur-vorherigen-Seite" bedeuten (siehe → „*Back-Funktion*".
IRC (Internet Relay Chat)	Ein Internetdienst, der die synchrone (zumeist textbasierte) Kommunikation mit einem oder mehreren Usern ermöglicht.
Knoten	Eine Hypertextbasis beinhaltet viele verschiedene Knoten, deren Inhalt von einzelnen Worten über Grafiken bis zu einer ganzen Text/Grafik-Seite gebildet werden kann. Die Knoten werden untereinander durch sogenannte Links nach Sach-/Sinnzusammenhängen verbunden.
Linear	Ein Buch ist in der Regel linear geschrieben, d.h. der Autor bestimmt, daß Seite 10 vor Seite 11 gelesen werden sollte, usw. Hier ist es auch sinnvoll, da z.B. ein Roman durch seinen aufeinander aufbauenden Handlungsstrang Spannung erzeugt.
Links	Verzweigungen in einem Hypertext-Dokument, über die man durch Anklicken zu andern HTML-Seiten oder Bildern (den → *Knoten*), etc. gelangt. Zumeist existieren zwischen den verbundenen Knoten Sach- oder Sinnzusammenhänge.
Mail	Email: electronic mail (elektronische Post)
Maus	Die Maus ist ein Eingabegerät für den Computer, mit deren Hilfe man den Pfeil (Cursor) auf dem Bildschirm bewegt und bestimmte Aktionen ausführen kann. Dies sind z.B.: *Anklicken/Anwählen*: Der Benutzer bewegt den Cursor auf ein Objekt, das auf dem Bildschirm zu sehen ist und drückt einmal die linke Maustaste. Zumeist verändert das Objekt dann die Farbe. *Doppelklick*: Der Benutzer bewegt den Cursor auf ein Objekt, das auf dem Bildschirm zu sehen ist, und drückt zweimal schnell hintereinander die linke Maustaste.

	Diese Aktion startet z.B. ein Programm. *Ziehen/Festhalten/Loslassen*: Der Benutzer bewegt den Cursor auf ein Objekt, das auf dem Bildschirm zu sehen ist, hält die linke Maustaste gedrückt, bewegt den Cursor über den Bildschirm an eine andere Stelle und läßt dann die Maustaste los. Diese Aktion bewirkt ein Verschieben des Objektes auf dem Bildschirm.
Mausklick	Siehe → Maus
Menüleiste (eines Browsers)	Mit Hilfe der Menüleiste können verschiedene Optionen eines Programms angesprochen werden. Oftmals sind diese durch Symbole (→ *Icons*) dargestellt.
MILNET (Military Network)	Militärisches Netzwerk in den USA.
Modem	Gerät zur Einwahl ins Internet über eine Telefonleitung.
Navigieren [Navigation]	Das explorative Durchstreifen einer Hypertextbasis, bei dem man über verschiedene → *Links* zu anderen → *Knoten*inhalten gelangt.
Neuronal-kybernetische Interfaces	Schnittstelle (im Science-Fiction-Roman „Neuromancer"), mit Hilfe derer das menschliche Gehirn direkt mit einem Computer verbunden werden kann.
Nicht-Linearität	Eine Hypertextbasis ist nicht-linear. Dies bedeutet, daß man sie nicht in einer festgelegten Reihenfolge durchlaufen muß. Es besteht prinzipiell die Möglichkeit, von z.B. Seite 5 auf Seite 20 zu springen (und falls nötig wieder zurück), ohne eine – aus der Sicht des Nutzers oder aufgrund seines Vorwissens – wichtige Information auszulassen.
NSFNET (National Science Foundation Network)	Spezielles Netzwerk für Wissenschaft und Bildung in den USA
Push-Dienste	Dienste, die nicht vom Nutzer jedesmal neu angefordert werden sondern von einer anderen Person bzw. Organisation via Email, etc. in regelmäßigen Abständen zum User gesandt werden. Ein Beispiel hierfür sind sogenannte Newsletter: Briefe, die in Email-Form z.B. monatlich über die neuesten Entwicklungen einer Institution informieren.
„Reply-Funktion" eines → Browsers	Mit dieser Funktion, die sich hinter dem Button „Reply" oder „Antwort" o.ä. verbirgt, besteht die Möglichkeit, sofort auf eine Nachricht zu antworten, ohne daß man extra noch mal die Email-Adresse eintippen muß.
Router	Leistungsstarker Computer bzw. ein ganzes Computernetzwerk, auf das viele LANs zurückgreifen, um z.B. ins Internet zu gelangen.
Screenshot	S. bezeichnet das Abbilden des Bildschirminhalts, der in dem Augenblick zu sehen ist. Mittels der Taste „Druck" der Tastatur wird das Monitorbild in den Zwischenspeicher des Rechners geladen und kann von dort aus in ein Zeichenprogramm o.ä. gezogen und bearbeitet werden.

Server	Zentralcomputer, auf den verschiedene Rechner in einem Netzwerk zugreifen. Dieser kann z.b. die Verbindung zum Internet sowie Software für die einzelnen Rechnerarbeitsplätze bereitstellen.
Soaps	„Seifenopern": dies sind zumeist täglich ausgestrahlte Serien, die alltagsähnliche Handlungsstränge im Familien-, Berufs-, Freundschaftsleben, etc. beinhalten.
Suchmaschine	Eine Internetseite, auf der Begriffe eingegeben werden können, die dann durch ein Programm im Netz gesucht werden. Gängige Suchmaschinen sind z.B. www.yahoo.de oder www.altavista.de.
Surfen	Bezeichnet das Navigieren durchs Internet.
Synchrone Kommunikation	Es findet ein unmittelbarer Austausch statt. Die Kommunikationspartner reagieren sofort aufeinander (z.b. Telefonate oder face-to-face Gespräche).
TCP/IP (Transmission Control- und Internet Protocol)	Eine "Sprache", die die Kommunikation zwischen Computern unterschiedlichen Typs im Internet sicherstellt.
User	(Computer-) Nutzer
URL (Universal Resource Locator)	Bezeichnung der Internetadresse von Webpages, z.B. http://www.uni-bielefeld.de.
Webpages	Internetseiten (in der Regel in → HTML geschrieben)
WWW (World Wide Web)	Ein graphisch orientierter Internetdienst, der auf → HTML und → HTTP basiert.

Quellen für dieses Glossar waren folgende Bücher:
Batinic, Bernard: „Internet für Psychologen", 1997
Husmann, Heike: „Chatten im Internet Relay Chat (IRC). Einführung und erste Analyse", 1998
Filinski, Peter: „Chatten in der Cyberworld", 1998
Irlbeck, Thomas: „Computer-Englisch", 1992

A.2 Tabellen

Tabelle A.2.1: „Die verschiedenen Ebenen der Interaktivität"

Interaktivitätsebene	Merkmale	Beispiele	Erklärung
1. primär rezeptive Ebene	Para-soziale Interaktion (Horton/Wohl)	Browsen	Links werden ‚nur' assoziativ verfolgt, z.B. gegen Langeweile
	Kein Wechsel der Sender und Empfängerrolle auf gleichem Niveau (→ Shannon/Weaver sowie allg. soziologische Definition)		
	Keine „wechselseitige Orientierung" (→ Jäckel)		
2. mittlere Ebene	Nutzer reflektiert sein Handeln (→ Habermas)	Gezielter Informationsabruf	Modifizierung der Suchalgorithmen aufgrund von Effektivität
	Aktive, intentionale Beteiligung des Users (→ Habermas)	Downloads	Vernetzung der Netzseiten, Hinterlassen einer ‚Spur' im Hypertext
	Kein „to talk back" (→ Rogers)		Transmitter erfährt nichts Individuelles vom Sender

Interaktivitätsebene	Merkmale	Beispiele	Erklärung
3. *aktive Ebene*	Generelle Möglichkeit, die Sender bzw. Empfänger-Rolle flexibel, zumeist auf gleichem Niveau zu wechseln (→ Shannon/Weaver sowie allg. soziologische Definition)	Email	Möglichkeit, persönliche Botschaften zu übermitteln (z.B. Email-Freundschaften)
	Formen des „role-taking' können praktiziert werden (→ Mead)	Chat	Im Chat werden z.B. bestimmte Erwartungen mit einem Nickname verbunden
		Newsgroup	Veränderung an Netzinhalten
		Homepage	Etwas von sich ins Netz hineingeben

Tabelle A.2.2: „Die Dimensionen des Bielefelder Medienkompetenzmodells"

Dimension, die für einen kompetenten, umfassenden Umgang mit dem Netz benötigt wird	Beispiele	Erläuterungen
Analytische Medienkritik	Existenz des Internet und Internetzugang allgemein	(Noch) nicht alle gesellschaftlichen Schichten besitzen die gleichen Zugangsmöglichkeiten zum Netz
		Lebenslanges Lernen wird nötig
		Internet ist eine weitere Schlüsselqualifikation in unserer Gesellschaft
Reflexive Medienkritik	s.o.	Bewußtsein, daß der Besitz einer Internetzugangsmöglichkeit noch etwas Besonderes ist
		Individuelle Finanzierung des Zugangs
		Weiterbildungsnotwendigkeit der eigenen Person
Ethische Medienkritik	Abruf von Internetseiten, etc.	Internet bietet Zugang zu problematischen Inhalten (Pornographie, Mordaufrufe, Rechts- und Linksextremismus)

Dimension, die für einen kompetenten, umfassenden Umgang mit dem Netz benötigt wird	Beispiele	Erläuterungen
Informative Medienkunde	Welche Angebote bestehen im Netz?	Informieren über Angebote
		Welchen persönlichen Nutzen kann ich aus dem Angebot ziehen?
Instrumentell-qualifikatorische Medienkunde	Bedienung eines Computers	Wie nutze ich das Netz?
	Bedienung eines Browsers	Welche Weiterbildung benötige ich?
	Anschluß eines Rechners ans Netz	
	Benutzung von Suchmaschinen, Datenbanken, etc.	
Rezeptive Mediennutzung	Gezielter Informationsabruf	Erfahrungen im Umgang mit den Angeboten sammeln
	Downloads	
Interaktive Mediennutzung	Telebanking	Kompetenzen, in aktiv-dialogfordernden Bereichen
Innovative Mediengestaltung	Newsgroups	Veränderung und Weiterentwicklung des Mediensystems
		Meinungsbildung
Kreative Mediengestaltung	Homepage	Höheres gestalterisches Eingreifen
	MUD	

ARD/ZDF-Arbeitsgruppe Multimedia: „ARD/ZDF-Online-Studie 1999: Wird Online Alltagsmedium?", *In: Media Perspektiven, 8, 1999*

Aufenanger, S.: „Medien-Visionen und die Zukunft der Medienpädagogik", *In: Medien praktisch, Nr. 1, 2000, S. 4-8*

Baacke, D.: „Kommunikation und Kompetenz: Grundlegungen einer Didaktik der Kommunikation und ihrer Medien", Juventa, München, 1973

Baacke, D.: „Medienpädagogik", Niemeyer, Tübingen, 1997

Baacke, D.: „'Medienkompetenz': theoretisch erschließend und praktisch folgenreich", *In: Medien und Erziehung, Nr. 1, 1999, S. 7-12*

Baacke, D.: „Ethische Standards für Jugendinformation", Aufsatz auf dem Server der GMK(Gesellschaft für Medienpädagogik und Kommunikationskultur), Download unter http://www.medienpaed.de/gmk/aufs/auf001.htm (05.02.1999)

Baacke, D. / Treumann, K.P. / Haacke, K. / Hugger, K.-U.: „Medienkompetenz im digitalen Zeitalter", Zweiter Zwischenbericht des Forschungsprojekts an die Landesanstalt für Rundfunk (LfR), Fakultät für Pädagogik, Universität Bielefeld, 31. März 1999

Bahl, A.: „Zwischen On- und Offline. Identität und Selbstdarstellung im Internet", KoPäd, München, 1997

Bandura, A.: „Sozial-kognitive Lerntheorie", Klett-Cotta, Stuttgart, 1979

Batinic, B.: „Internet für Psychologen", Hogrefe, Göttingen, 1997

Baumgartner, P./Payr, S.: „Lernen mit Software", Digitales Lernen, Bd. 1, Österreichischer Studienverlag, Innsbruck, 1994

Brauner, D.-J. / Raible-Besten, R. / Weigert, M. M.: „Multimedia-Lexikon", R. Oldenbourg Verlag, München, 1998

Brecht, B.: „Der gute Mensch von Sezuan", Suhrkamp, Berlin, 1955

Cognition and Technology Group at Vanderbilt: „Anchored instruction and its relationship to situated cognition", *In: Educational Researcher, 19, 1990, S. 2-10*

Conklin, J.: „Hypertext – an introduction and a survey", *In: IEEE Computer, 20(9), 1987, S. 17-41*

Deutsche Telekom: „Das Internet-Jahr 2000: Deutschl@nd geht online", Pressemappe, 11.02.2000, Download unter http://www.telekom.de/telekomsan.html (15.02.2000)

Durlak, J. T.: „A Typology for Interactive Media", *In: McLaughlin, M. L. (Hrsg.): Communication Yearbook 10, Newbury Park, Beverly Hills/London u.a., 1987, S. 743 - 757*

Dyson, E.: „Release 2.1. Die Internet Gesellschaft. Spielregeln für unsere digitale Zukunft", Knaur, München, 1999 (amerikanische Originalausgabe 1998)

Esser, B. / Martin U.: „Interview mit Hubert Burda", Focus Nr. 6, 7. Februar 2000, S. 231

Fasching, T.: „Internet und Pädagogik. Kommunikation, Bildung und Lernen im Netz", KoPäd, München, 1997

Filinski, P.: „Chatten in der Cyberworld", MITP-Verlag, Bonn, 1998

Früh, W. / Schönbach, K.: „Der dynamisch-transaktionale Ansatz. Ein neues Paradigma der Medienwirkungsforschung", *In: Publizistik, 27. Jg., 1982, S. 74 - 88*

Gibson, W.: „Neuromancer", Heyne, München, 1987 (amerikanische Originalausgabe 1984)

Goertz, L.: „Wie interaktiv sind Medien?", *In: Rundfunk und Fernsehen, 43. Jg., Nr. 4, 1995, S. 477 - 493*

Habermas, J.: „Theorie des kommunikativen Handelns. Band 1 Handlungsrationalität und gesellschaftliche Rationalisierung", Suhrkamp, Frankfurt/M., 1981

Hartmann, E.: „Generation @", Focus, Nr. 32, 9. August 1999, S. 128ff

Horton, D. / Wohl, R. R.: „Mass Communication and Parasocial Interaction: Observations on Intimacy at a Distance", *In: Psychiatry 19, 1956, S. 215 - 229*

Husmann, H.: „Chatten im IRC. Einführung und erste Analyse", KoPäd, München, 1998

Industrie und Handelskammer Hannover: „Zahlen zur Internetnutzung", 1to1mm.de/internet.html, 1999 (Download am 08.11.1999)

Irlbeck, T.: „Computer-Englisch", dtv, München, 1992

Issing, L.J. / Klimsa, P.: "Information und Lernen mit Multimedia", Beltz Psychologie Verlags Union, Weinheim, 1997

Jäckel, M.: „Interaktion. Soziologische Anmerkungen zu einem Begriff", *In: Rundfunk und Fernsehen, 43. Jahrgang 1995, 4, S. 463 - 476*

Kassanke, S.: „Modellierung von Optimierungsproblemen und ihre Darstellung in hypermedialer Lernsoftware", Diplomarbeit des Fachbereiches Wirtschaftswissenschaften, Paderborn, 1997

Katz, E. / Foulkes, M.: „On the Use of the Mass Media as ‚Escape': Clarification of a Concept", *In: Public Opinion Quarterly, Vol. 26, No.3, 1962, S. 377 - 388*

Katz, E. / Gurevitch, M. / Haas, H.: „On the Uses of Mass Media for Important Things", *In: American Sociological Review, Vol. 38, 1973, S. 164 - 191*

Kleinsteuber, H. / Hagen, M.: „Interaktivität. Verheißungen der Kommunikationstheorie und das Netz", *In: Neverla, I.: Das Netz-Medium. Kommunikationswissenschaftliche Aspekte eines Mediums in Entwicklung, Westdeutscher Verlag, Opladen/Wiesbaden, 1998, S. 63-88*

Klimsa, P.: „Multimedia aus psychologischer und didaktischer Sicht", *In: Issing, L.J. / Klimsa, P.: Information und Lernen mit Multimedia, Beltz Psychologie Verlags Union, Weinheim, 1997*

Klingler, W. / Zoche, P. / Harnischfeger, M. / Kolo, C.: „Mediennutzung der Zukunft", *In: Media Perspektiven, 10, 1998, S. 490 ff*

Koring, B.: „Pädagogische Kommunikation im Virtuellen Seminar. Erfahrungen mit und Reflexionen über internetbasierte Lehrangebote in der Erziehungswissenschaft", *In: Bildung und Erziehung, Nr. 52, 1, 1999, S. 35-48*

Liebau, E.: „Habitus, Lebenslage und Geschlecht – Über Sozioanalyse und Geschlechtersozialisation", *In: Tillmann, K.-J. (Hrsg.): Jugend weiblich – Jugend männlich, Leske und Budrich, Opladen, 1992*

Long, A. / Singer, D. / Winfield, J.: „Shakespeares gesammelte Werke (leicht gekürzt)", Bielefelder Stadttheater, Spielzeit 1999/2000

Luhmann, N.: „Gesellschaftliche Komplexität und öffentliche Meinung", *In: Ders.: Soziologische Aufklärung 5. Konstruktivistische Perspektiven, Westdeutscher Verlag, Opladen, 1990, S. 170 - 182*

Maletzke, G.: „Psychologie der Massenkommunikation", Verl. Hans-Bredow-Institut, Hamburg, 1963

Mead, G. H.: „Geist, Identität und Gesellschaft", Frankfurt/Main, 1991 (amerikanisches Original 1934)

Merten, K.: „Kommunikation. Eine Begriffs- und Prozeßanalyse", Westdeutscher Verlag, Opladen, 1977

Ministerpräsident des Landes Nordrhein-Westfalen (Hrsg.): „Zukunft der Bildung – Schule der Zukunft: Denkschrift der Kommission ,Zukunft der Bildung – Schule der Zukunft'", Luchterhand, Berlin u.a., 1995

MSWWF (Ministerium für Schule und Weiterbildung, Wissenschaft und Forschung des Landes Nordrhein-Westfalen) (Hrsg.): „Zukunft des Lehrens – Lernen für die Zukunft: Neue Medien in der Lehrerausbildung. Rahmenkonzept", Materialien Lehrerausbildung, Schriftenreihe Schule in NRW, Nr. 9032, Frechen, 2000

Paivio, A.: „Imagery and Verbal Processes", New York, 1971

Peschke, R. / Wagner, W.-R.: „Konzept Medienkompetenz – welchen Weg sollen Schulen gehen?", *In: Computer und Unterricht, Heft 37, 1. Quartal 2000, S. 7-10*

Politische Zeitschrift (PZ), Bundeszentrale für politische Bildung, Nr. 89, Juni 1999

Rafaeli, S.: „Interactivity: From New Media to Communication", *In: Hawkins, R. P. / Wiemann, J. M. / Pingree, S. (Hrsg.): Advancing Communication Science: Merging Mass and Interpersonal Processes, Newbury Park, 1988, S. 110-134*

Recht, P.: „Kommunikation und Interaktion", Studienbriefe der Fernuniversität Hagen, Nr. 4087-1-01-S1), Bereich Sonderpädagogik, Hagen, 1995

Reid, E.: „Cultural Formations in Text-Based Virtual Realities", University of Melbourne: M.A. Thesis, 1994 (auch unter ftp://parcftp/xerox.com/pub/MOO/papers/-CulturalFormations.ps erhältlich)

Rheingold, H.: „Virtuelle Gemeinschaft. Soziale Beziehungen im Zeitalter des Computers", Addison-Wesley, Bonn 1994

Rogers, E.M.: „Communication Technology. The New Media in Society", The Free Press, New York, 1986

Rüdiger, B.: „Von der traditionellen zur computerunterstützten Gruppenarbeit", *In: LOGIN, Nr. 3/4, 1999, S. 39*

Sandbothe, M.: „Interaktivität – Hypertextualität – Transversalität. Eine medienphilosophische Analyse des Internet", *In: Münker, S. / Rösler, A. (Hrsg.): Mythos Internet, Suhrkamp, Frankfurt/M., 1997, S. 56 - 82*

Schmidbauer, M. / Löhr, P.: „Internet-Kompetenz für Kinder", *In: TELEVIZION 11, 1, 1998*

Schulz-Zander, R. (Hrsg.): „Medien und Informationstechnologien in der Lehrerausbildung – Lernen mit Multimedia", Beiträge zur Schulentwicklung Nr. 11, IFS-Verlag, Dortmund, 1999

Shannon, C.W. / Weaver, W.: „The Mathematical Theory of Communication", University Press, Urbana III, 1949

Stegers, F.: „Rote, grüne, schwarze Klicks", *In: Unicum, Nr. 7, 1999, S. 36*

Strauss, A.: „Spiegel und Masken. Die Suche nach Identität", Suhrkamp, Frankfurt/Main, 1968

Tergan, S.-O.: „Hypertext und Hypermedia", *In: Issing, L.J. / Klimsa, P.: Information und Lernen mit Multimedia, Beltz Psychologie Verlags Union, Weinheim, 1997*

Thomann, C./Schulz von Thun, F.: „Klärungshilfe: Handbuch für Therapeuten, Gesprächshelfer und Moderatoren in schwierigen Gesprächen. Theorien, Methoden, Beispiele", Rowohlt, Reinbek bei Hamburg, 1988

Treumann, K. P. / Baacke, D. / Redeker, G. / Gartemann, S. / Kraft, J. (Hrsg.): „Lernen als Netzkommunikation", Endbericht der Begleitforschung zum Projekt ‚NRW-Schulen ans Netz – Verständigung weltweit' für das Europäische Medieninstitut e.V., Akademie für Medienpädagogik, Medienforschung und Multimedia an der Universität Bielefeld, Bielefeld, 1999, Überarbeitete Fassung

Turkle, S.: „Leben im Netz. Identität in Zeiten des Internet", Rowohlt, Reinbek bei Hamburg, 1998 (amerikanische Originalausgabe 1995)

Watzlawick, P. / Beavin, J. H. / Jackson, D. D.: „Menschliche Kommunikation. Formen, Störungen, Paradoxien", Huber, Bern u.a., 1969

Weber-Dwertmann, I.: „HIV und AIDS im Internet. Ein Projekt im Biologieunterricht der gymnasialen Oberstufe", *In: Computer und Unterricht, Nr. 37, 2000, S. 46-48*

Weidenmann, B.: „Multicodierung und Multimodalität im Lernprozeß". *In: Issing, L.J./Klimsa, P.: Information und Lernen mit Multimedia. Beltz Psychologie Verlags Union, Weinheim, 1997*

Wippich,W. / Schulte, A. / Mecklenbraeuker, S.: „Weitere Evidenzen zum Einfluß induzierter Einstellungen auf Erinnerungen am eigenen Verhalten", *In: Zeitschrift für Experimentelle und Angewandte Psychologie, 36(1), 1989, S. 162 – 179*

ZFE (Zentrum für Fernstudienentwicklung) (Hrsg.): „Bausteine der ‚virtuellen Universität'", Hagen, August 1997

ZFE (Zentrum für Fernstudienentwicklung) (Hrsg.): „Das ZFE. Didaktik – Medien – Evaluation", Hagen, 1996, (Download der Datei im Adobe Acrobat-Format (zfe_bors.pdf) unter http://www.fernuni-hagen.de/zfe (15.02.2000))